KB053232

뒤죽박죽 오사카 여행기

뒤죽박죽 오사카 여행기

초판 1쇄 발행 | 2018년 3월 30일

글, 사진 | 이지호
펴낸이 | 공상숙
펴낸곳 | 마음세상

주 소 | 경기도 파주시 한빛로 70 507-204

출판등록 | 2011년 3월 7일 제406-2011-000024호

ISBN | 979-11-5636-230-2 (03910)

원고 투고 | maumsesang@nate.com

ⓒ이지호., 2018

* 값 13,200원

* 마음세상은 삶의 감동을 이끌어내는 진솔한 책을 발간하고 있습니다. 참신한 원
고가 준비되셨다면 망설이지 마시고 연락주세요.

국립중앙도서관 출판예정도서목록(CIP)

뒤죽박죽 오사카 여행기 / 글, 사진: 이지호. – 파주 : 마
음세상, 2018
  p. ; cm

ISBN 979-11-5636-230-2 03910 : ₩13200

일본 여행[日本旅行]
오사카[大阪]

981.32802-KDC6
915.21804-DDC23   CIP2018007263

뒤죽박죽 오사카 여행기

글·사진 이지호

마음세상

01
일본

여행을 가게 되었다

—

5월 18일. 목요일.

오후 1시에서 2시 사이에 개에게 연락이 와 있었다. 개는 갑자기 일본에 가자며 엄청나게 간절하고 다급하게 재촉했다.

"일본에 너무 가고 싶어. 일본에 가자!"

이전부터 개가 일본 여행을 가자고 자주 말하기는 했었다. 하지만 나는 학생의 신분으로 돈도 없고 시간도 없어서 그냥 먼 미래에 일어날 일인 것처럼 "그래~" 하고 대답했었다. 그렇게 먼 훗날의 계획을 상상하며 좋아하는 데 그쳤었다. 그랬던 여행이 갑자기 이렇게 코앞으로 다가온 이유는 굉장히 황당할 만큼 단순하다.

"오, 일본이라. 좋아. 왜 갑자기 이렇게 가고 싶어졌어? 가면 되지, 뭐!"

"꿈에서 일본 가는 거 나왔어. 기분 짱 좋았다."

꿈에서라니. 생각보다 이유가 너무 간결하고 단순해서 웃음이 났다. 걔는 굉장히 들떠서 내게 꿈 얘기를 해 줬다. 같이 가고 싶었던 애들이 더 있었지만, 아르바이트며, 시간이며, 돈이며 전부 갈 수가 없게 되어서 딱 우리 둘이서만 가기로 했다. 이렇게 우리는 갑작스럽게 여행을 떠나게 되었다.

가이드 여행

—

나는 19살이 되던 1, 2월에 가족들과 첫 해외여행을 일본으로 다녀온 적이 있었다. 내가 겪었던 가이드 여행의 장단점에 대해 적어 보겠다.

부정적인 출발

첫 번째.

너무 생각외의 변수들이 많았다. 함께 가는 다른 낯선 가족 두 집안이 더 있었다. 한 집은 할아버지, 할머니, 어머니, 아이 셋의 정말 대가족이었고 또 다른 한 집은 어머니와 아들 둘의 가족이었다. 처음에는 너무 낯설었다. 그 낯선 기분이 처음에는 약간 불편했다. 하지만 나중에는 정이 들었다.

두 번째.

버스를 타고 계속 이동하는데 그동안에 가이드 분이 우리를 마주 보고 서서 마이크를 잡고 지금 가는 곳의 역사적 배경부터 모든 정보를 다 설명해 주신다. 근데 너무 빡빡한 일정에 그걸 들을 수가 없다. 우리는 버스로 이동하는 짧은 시간 동안 틈틈이 잠을 잤다. 내가 '틈날 때 자야지!' 하고 잔 게 아니라 정말 잠이 들 수밖에 없을 정도로 너무 빡빡했다. 여행과 역사 얘기를 아주 좋아하는 우리 아빠만 안 주무시고 계속 열심히 들으신 것 같다.

세 번째.

차이나타운을 갔는데 시간이 없다고 자유 시간으로 15~20분을 줬다. 그래서 간단한 간식 하나를 사 먹고 바로 끝났다. (사실 음식도 비싸고 구경할 게 그렇게 많지는 않기는 했다.) 그 후 저녁에 도톤보리를 갔다. 도톤보리의 밤은 정말 화려했다. 근데 여기서도 자유 시간을 너무 조금 주는 것이다. 우리는 다코야키 하나를 나눠 먹고 게임방 안으로 들어갔다. 홍대에 있는 게임 건물처럼 정신없고 사람 많고 깜깜했다. 남동생이 게임 한 판 하는 걸 기다리고 있다가 정신없어서 나왔다. 그 후 디럭스 스토어에 가서 클렌징폼, 아이봉, 동전 파스 등을 조금 샀다. 그렇게 자유 시간이 끝났다. 난 여기서 조금 화가 났다. 내가 일본에 대한 정보가 정말 없긴 했지만 그나마 나도 알고 있었던 게 도톤보리고 내가 일본 여행을 하면 가고 싶었던 유일한 곳이었는데 기억에 남을 만한 것이라고는 아무것도 하지 못하고 자유 시간이 끝나서 호텔로 이동했다. 우리는 밤 늦게 저녁으로 고기를 먹으러 갔는데 입맛도 없어서 식사를 거의 안 하고 나왔다. 몸은 너무 지치고 일정은 빡빡한데 정작 내가 보고 싶은 곳은 제대로 보지도 못하고 지나가니 여러 가지로 속상했다.

반전

하지만 다행히도 금세 난 여행의 기쁨을 느낄 수 있었다. 그 날, 우리가 오사카에서 묵은 호텔은 정말 고급 호텔이었다. 원래 굉장히 비싼 곳인데 그때 운좋게도 단체 손님이 취소돼서 싼값에 호텔을 예약했다고 한다. 안으로 들어가자마자 투명 그랜드 피아노가 있었다. 너무 예뻤다. 거기서 기분이 살짝 좋아진 상태에서 방으로 들어갔다. 침대가 신기하게 생겨서 이리저리 보는데, 침대의 볼륨 버튼을 조절하면 계속 흐르는 재즈 음악을 들을 수 있었다. 지금도 그렇지만, 그때 나는 재즈를 정말 좋아하는 사람이었다.

'호텔에서 재즈 음악이 나오다니!'

촌스러운 나는 이런 호텔이 있다는 것도 그때 처음 알았는데, 너무 낭만적인거다. 그래서 동생이랑 엄마한테 신기하다고 떠들어댔다.

다음 날 우리는 오사카성을 갔다. 가이드 분은 우리 가족 바로 옆에서 오사카성의 역사 이야기를 해 주셨다. 아빠는 역사 이야기를 굉장히 좋아하셔서 그분의 이야기를 경청하고 계속 질문하셨다. 근데 나도 그 유전자를 물려받았는지 얘기가 재밌었다. 가이드 분이 해 주시는 이야기가 흥미진진했다. 오사카성도 예쁘고, 무엇보다 아빠가 질문하는 것마다 가이드 분이 막힘 없이 설명해주시는 게 멋졌다. 생각해 보니 우리는 이렇게 힘든데 모든 걸 통솔하고 통역하고 설명해 주느라 정말 한시도 쉴 수가 없는 가이드 분은 여전히 체력이 넘쳐 흘렀다. 엄청난 노력의 결과물이라는 생각이 들었다. 그때부터 그분께 존경심이 들면서 열심히 따르게 되었다.

내가 가장 행복했던 순간은 아마도 규슈로 가는 배를 탄 날일 것이다. 그 배는 밤에, 우리가 잘 때 동안 다른 곳으로 이동을 하는 배였는데 난 옛날에 1박 2일 같은 TV 프로그램에서 배에 타면 다들 멀미를 하기에 걱정이 됐다. 하지만배가 커서 그런지 그런 게 전혀 없었다.

그 배는 대부분 대형 트럭을 운전자들이 이동할 때 탄다고 했다. 그래서 안에 아저씨들이 많았는데 다들 피곤한지 방에서 나오지 않았다. 안에 작은 온천이 있어서 우리는 거기서 피곤한 몸을 녹이며 씻었다. 또 안에는 컵라면 자판기가 있었다. 너무 신기해서 과자도 뽑고 컵라면도 뽑아서 야식을 엄청 먹었다. 숙소는 아주 작은 방이었다. 작고 좁은 이층 침대가 다였다. 엄청 작은 TV도 있었다. 하지만 무슨 채널을 틀어도 알아들을 수가 없어서 보진 않았다.

나를 제일 행복하게 만든 순간은 야경을 본 밤이었다. 가이드는 예쁜 다리를 지나가니 보러 나오라고 우리를 불렀다. 우리는 다 같이 하늘을 바라봤다. 무슨 다리였는지는 기억이 안 나는데 알록달록한 조명이 반짝이고 있었다. 하지만 난 다리보다 야경에 빠져들었다. 멀리서 다른 도시의 풍경이 보였다. 우리가 있었던 오사카 쪽의 화려한 불빛과 반대편 지역의 잔잔한 불빛의 대비가 굉장히 신비로웠다. 또 별이 생각보다 많이 보여서 좋았다. 날씨가 매우 추웠는데 나는 그 대비되는 야경들과 잘 보이지는 않지만, 손으로 시야를 가려서 어둠을 만들어보면 희미하게 보이는 수많은 별이 너무 좋았다. 그래서 한참을 남아 있었다. 그때부터 별을 많이 좋아하게 된 것 같다.

두 번째로 마음에 드는 사건은 규슈에서 하루 묵었던 날에 있었던 일이다. 거기도 멋진 호텔이었다. 그곳에는 셔틀버스로 갈 수 있는 야외 온천이 있었다. 씻고 밖을 나가니 너무 추웠다. 땅바닥이 바위와 돌로 이루어져 있는데 정말 차갑고 축축했다. 그래서 재빨리 온천 안으로 들어갔다. 그 기분은 태어나서 처음 느껴본 기분이었다. 안은 너무 뜨거운데 밖은 너무 추웠다! 정말 이상했다. 열이 많은 내게 딱 맞았다. 아무리 추운 겨울이라도 실내에 있는 온천을 쓰면 더워서 얼굴이 빨개졌는데 거기는 밖이 추워서 그 열기가 나갈 수가 있었다. 계속 들어가 있고 싶었다.

호텔에서 있었던 또 다른 좋은 사건이 있다. 우리 가족은 호텔 안에 볼링장,

인형 뽑기 기계, 게임기가 가득한 곳을 찾았다. 시간이 늦어서 그런지 손님도 없이 직원 한 분만 카운터에 계셨다. 우리 가족은 볼링을 치기 시작했다. 나는 그때 초등학생 때 한번 쳐 본 이후로 태어나서 볼링을 딱 2번째 쳐 보는 거였는데 생각보다 너무 잘 되었다. 그래서 신나게 쳤지만 내 동생은 잘 치지 못했다. 엄마는 기죽은 동생을 달래기 위해 상품 게임을 하자고 했다. 하지만 동생은 그것마저 실패했다. 속이 상한 동생은 소심하게 인형 뽑기 유리창을 빡! 쳤다. 그러자 직원분이 우리에게 다가오는 것이다.

"어떡하지? 화나신 거 아니야?"

우리는 놀라서 발을 동동 굴리며 직원분을 바라봤다. 그런데 직원분이 갑자기 열쇠로 상품 게임 기계의 유리창을 열고는 좀 더 상품이 걸리기 쉽게 바꿔 주시는 거다. 구슬을 시작점에 올려다 놓으면 그 구슬이 막대기들 사이로 지나가면서 '꽝' 또는 '상품'이 적혀 있는 칸으로 들어가는 기계였는데 어떻게 해도 상품이 걸릴 수 있는 곳을 알려주셔서 동생은 그곳에 구슬을 떨어뜨렸고 우리의 구슬은 '상품' 칸에 들어갔다! 그러자 그분은 웃으시면서 상품을 고르라고 우리를 부르셨다. 상품들은 다양했다. 원피스의 쵸파 인형, 크리스마스 특전으로 만들어진 하얀 곰돌이 푸 인형, 그리고 그때 인기의 절정을 찍고 있던 진격의 거인 피규어까지. 놀랍게도 우리는 이 세 가지 상품을 모두 받게 되었다. 그 사연은 다음과 같다. 직원은 동생에게 상품을 고르라고 했고, 옆에 서 있던 나도 보너스로 하나 더 고르라고 했다. 동생이 인형을 하나 고르는 동안 나는 진격의 거인 모형에 눈이 갔다. 남동생이 진격의 거인을 엄청 좋아했기 때문이다. 나는 멀리서 다른 게임을 하고 있던 남동생을 다급하게 불렀다.

"어? 왜?"

"이거 네가 좋아하는 거 아니야?"

남동생은 웃으면서 갖고 싶다고 했고 나는 직원분께 그걸로 달라고 했다. 그랬더니 그분이 우리에게 감동한 거다. 그래서 내게 하얀 곰돌이 푸 인형을 또 선물로 줬다. 정말 착하신 분이었다! 나중에 규슈에 가게 된다면 당연히 기억을 못 하시겠지만, 또 만나고 싶다. 내 생에 첫 번째 해외여행, 일본으로의 여행 기억은 이렇게 즐겁고 행복함으로 마무리되었다.

02
최선의 준비

난 걱정이 많아서 약간 오버하면서까지 여행을 준비했다. 직접 컴퓨터로 일정표를 만들고, 지역별 지도를 그리고 리무진 버스 시간표, 버스 승차장 위치, 주유 패스 노선도, 외교부 정보 등을 여분 3장까지 프린트해서 준비했다. 그 과정에 대하여 적어 보겠다.

6월 27일 화요일, 여행 계획 짠 첫날

우리는 저녁에 만나기로 했다. 난 근처 도서관을 들러 여행책 3~4권을 빌려서 갔다. 밥을 못 먹은 나는 근처 쌀국수집에서 베트남 비빔국수를 포장해서 개의 집으로 갔다. 밥을 먹으면서 우리는 큰 틀부터 짜기 시작했다.

우선 주변 지역 중에 어디를 갈 것인지를 정했다. 처음에는 오사카, 교토, 고베, 시라하마 이렇게 가기로 계획했다가 너무 빡빡할 것 같아서 고베를 뺐다.

우리가 전에 여기저기서 얻어온 정보들을 적어 둔 종이가 있었는데, 책을 정독하며 더 가고 싶은 곳들을 추가로 정리했다. 근데 마구잡이로 정리하니까 지저분하고 정신이 없었다. 그래서 나는 개의 노트북을 빌려 표를 작성하기 시작했다. 내가 평소에 한글 문서 정리하는 걸 좋아해서 수월했다. 왼쪽은 관광지 이름, 오른쪽은 위치 및 가는 법을 적은 표를 만들었다. 여기까지 정리를 하니 머리가 아파서 더 하고 싶지가 않아져서 쉬다가 잠들었다. 다음 날 아침. 내가 집에 돌아가야 했기 때문에 재빨리 숙소를 알아보고 예약했다.

7월 11일 화요일, 여행 계획 짠 둘째 날

수원에 갔다. 이번에는 수원에서 만나기로 한 건데 걔에게 자기가 아침 7시에 잠들어서 약속 시간을 미뤄야 할 것 같다고 연락이 왔다. 원래 1시에 만나기로 했던 약속이 3시로 미뤄졌다. 나는 노트북을 챙기고 저번에 빌렸던 책을 도서관에 반납하고 수원으로 향했다. 걔는 미룬 약속 시간보다도 늦어서 5시가 넘어서 도착을 했다. 그래서 나 혼자 정리를 하게 되었다.

내가 대강 일정 정리를 마친 후 걔가 도착했다. 이제 우리에게 남은 일은 교통 패스, 유니버설 표를 사는 것과 포켓 와이파이를 대여하는 것이었다. 교통 패스를 사려면 그 전에 우리가 갈 곳의 위치를 파악하고 있는 것이 편할 것 같았다. 그래서 도보로 가능한 곳, 위치가 가까운 곳끼리 순서를 다시 제대로 정하는 일을 먼저 하기 위해 나는 무작정 종이에 우리가 갈 곳들의 지도를 그리기 시작했다.

여권

6월 26일, 증명사진을 찍었다. 검은색 반소매 옷을 입고 화장을 연하게 하고 머리를 하나로 대강 묶고 갔다. 재빨리 사진을 찍고 직원이 보여준 4장의 사진 중에 한 장을 고르고 기다리니 생각보다 사진 수정을 많이 해 줬다.

"이렇게 해도 돼요?"

내가 걱정스레 물었다. 직원은 여유로운 목소리로 남들보다 나는 수정을 많이 한 것도 아니라고 말했다. 여권 사진인데 그래도 되는 건지 모르겠지만 직원 그렇다니 그냥 그런가 보다 했다. 나야 뭐 수정을 해 주면 감사할 따름이다.

내가 단정하게 하고 가서 그런지 인터넷 블로그에 홍보용으로 올려도 되냐고 직원이 물었다. 근데 그건 부담스러워서 죄송하다고 거절했다. 집에 와서 거절한 게 미안해서 계속 마음에 걸렸다. 동생이 뭐 그런 것 가지고 그러냐고 그래서 마음이 편해졌다. 난 팔랑귀인 것 같다.

다음 날이었나, 바로 여권을 신청하러 갔다. 원래 짧게 5년을 고르고 싶었는데 알고 보니 성인은 5년이 아예 선택이 불가능했다. 난 통 크게 48매를 골랐는데 10년 안에 다 채웠으면 좋겠다. 직원은 접수증 종이를 주면서 6월 30일에 찾으러 오라고 하셨다. 나는 여권 만드는 데 오래 걸리는 줄 알았는데 예상보다 굉장히 일찍 나왔다. 하지만 게을러서 계속 까먹고 있다가 7월 12일에서야 찾았다. 내가 이런 성격이다. 근데 보니까 여권을 찾아가지 않은 사람들이 나 말고도 꽤 많았다. 심지어는 작년 12월에 만들고 아직도 찾지 않은 사람도 있었다. 여권 담당 직원들이 매우 힘들 것 같다.

분배

우리는 분업을 했다. 내가 게으른 성격이라 무언가 계산하는 것들을 좋아하지 않았다. 대신에 문서를 정리하고 분석하고, 파악하는 것들은 좋아했다. 반면에 걔는 계산하고 전화하는 것들을 잘한다. 그래서 내가 정리한 것들을 바탕으로 걔는 여러 가지를 계산해 줬다. 숙소, 와이파이, 유니버설 티켓 등 걔가 먼저 여러 가지를 계산하고 나는 내 몫의 돈을 따로 주었다. 그리고 나는 내가 정리한 것들을 걔에게 주며 설명해 주었다.

03
고꼬와 일본데스까

첫째 날

—

출발길

2017. 7. 18 화요일 오전 6시 30분에 눈이 떠졌다. 시간이 애매해서 더 자고 싶어도 잘 수가 없는 상황이었다. 이제 씻고 짐 챙기고 화장하고 옷 입고 하면 시간이 걸릴 테니 말이다. 어차피 그대로 잠을 청했어도 내가 코앞에 해야 할 일이 있을 때 불안함을 많이 느끼는 성격이라 마음 편히 잠들지도 못했을 것이다. 일어나서 정신을 못 차리다가 조금 늦게 서야 욕실에 들어가서 오전 7시 10분까지 씻었다. 오전 8시. 집에서 출발했다. 출근하는 아빠 차를 타고 계획보다 좀 더 일찍 도착했다.

시외버스 터미널에 도착한 후 오전 8시 30분 인천 공항으로 가는 시외버스 티켓을 샀다. 이런 시골에도 공항으로 가는 버스를 기다리는 사람들이 은근 많아서 신기했다.

오전 10시 45분. 인천 공항에 도착했다. 생각보다 일찍 도착했지만 넉넉하게

도착하는 것이 차라리 마음 편했다. 걔와 원래 오전 11시까지 만나기로 했었기 때문에 나는 남은 15분 동안 미리 비행기 항공 표를 받고 짐을 부치는 장소를 알아보기로 했다.

오전 11시. G 열 19~27의 장소에서 수속 절차를 밟으면 된다는 사실을 알아내고 걔에게 전화를 걸었다.

"여보세요."

"어디야?"

"나 사당이다."

걔가 대답했다. 걔 집이 사당 바로 옆에 있는데 말이다. 11시에 만나기로 약속 해놓고 이제 출발한 사람치고 너무 태평하고 차분했다. 난 황당했지만 참고 언제 오느냐고 물었다.

"12시쯤에 도착할 것 같다."

'1시간 동안 난 혼자 뭘 하지?'

우씨! 화가 났다. 같이 예매한 표라 나 먼저 들어갈 수도 없었다. 같이 짐을 부쳐야 하기 때문이다. 하지만 여행 시작부터 짜증을 내고 싶지 않아서 알겠다고 대답하고 전화를 끊었다.

양말 아저씨

전화를 끊고, 오전 11시 17분. 난 빈 의자에 앉았다. 네임텍을 열심히 적어서 캐리어에 붙이고 우리 집 영어 주소를 파악해 놓고 기내 반입 가능 물품들을 다시 한번 확인해서 안 될 것 같은 것들을 캐리어 안으로 옮겼다. 그러고 있는 사이 어떤 노란 조끼를 입은 아저씨가 내 뒤에 앉았다. 노란 조끼는 어떤 직장 복인 것 같은데, 그 옆에 앉아 있는 다른 아저씨의 일행인 듯했다. 노란 조끼 아저씨는 무척 나를 당황스럽게 만들었다. 내가 앉아 있는 의자에 자기 회색 양말을 신은 양발을 올려놓고 앉아서 계속 발을 흔들면서 내 엉덩이를 치는 것이다. 정말 황당했다. 난 뭐라고 하려고 뒤를 돌아보았다. 근데 그 아저씨는 험상궂게 생긴 얼굴로 너무 당당한 태도를 보이는 것이다. 나는 괜히 뭐라고 했다가 뭔 일이 날까 봐 그냥 참고 다른 데로 멀리 갔다. 그러니까 그 아저씨는 아예 의자에 다리를 꼬고 발을 올려놓았다. 내가 옮긴 자리는 H열이었는데 에어컨 바람이 내게 바로 오는 자리라 정말 너무 추웠다. 내 실크 옷 사이로 찬바람이 쌩쌩 들어왔지만, 꾹 참고 손바닥만 한 노트에 필요한 일본어 회화 문장을 적으며 벼락치기 공부를 했다. 애써 안 좋은 기분을 눌렀지만 어째 시작이 순탄치가 않은 것 같은 느낌이었다.

공항 안에 또 공항

12시가 조금 넘어서 걔가 오고, 우리는 수화물을 붙이러 갔다. 줄이 꽤 있어서 기다리느라 시간이 걸렸다. 비행기가 지연되어서 수속을 다 마치고 비행기 안으로 들어가야 하는 시간이 1시 30분에서 2시까지로 바뀌었다.

오후 1시. 포켓 와이파이를 찾고 주유 패스를 받았다. 그 후 걔는 배가 고파 뭐라고 먹고 싶다며 음식점을 찾았다. 나는 일본에 가서 많이 먹게 될 것 같아서 아침과 점심 모두 챙겨 먹지 않으려고 했기 때문에 상관이 없었지만, 걔는 밥을 중요하게 생각하는 성격이었다. 우리는 급하게 밥을 먹으러 가기로 했다. 하지만 문득 시간 때문에 고민이 됐다.

"우리 빨리 들어가야 되지 않을까?"

내가 물었다.

"괜찮다니까? 시간 많아!"

걔가 당차게 대답했지만 나는 걱정이 많은 성격이라 우선 직원에게 물어보고 생각하기로 하고 항공권을 보여주며 물었다.

그런데 직원이 깜짝 놀라면서 늦었으니 빨리 들어가라고 우리를 재촉했다. 그때 시간이 아마 1시 반이었을 것이다. 뭣도 모르던 우리는 급박해진 상황에 서둘러 안으로 들어갔다.

이상하게도 짐 검사는 생각보다 일찍 끝났다.

'왜 그렇게 놀랐던 거지?'

우리 둘 다 의문이 들었다. 하지만 우리에게 닥친 문제는 짐 검사가 아니라는 것을 금방 알 수 있었다. 우리는 탑승 동행 열차를 타고 또 다른 건물로 간 다음, 거기서 우리의 게이트를 찾아 들어가서 비행기를 탔어야 했다. 난 이 사실을 처음 알고 충격받았다. 진짜 망했다 싶었다. 막 뛰었지만, 열차 하나를 눈앞에서 놓치고 오후 1시 47분에 탑승 동행 열차를 탔다. 정말 저질 체력인 나는 숨이 멈추는 줄 알았다. 끝도 없이 뛰어야 했다.

'과연 탈 수 있을까? 놓치면 어떻게 해야 하는 거지? 이렇게 열심히 준비했는데 그냥 다 멈추고 없던 일이 되는 걸까?'

별의별 생각이 들었다. 우리는 탑승 게이트 125번이었는데 그곳이 많이 안쪽에 위치해 있기도 했고, 처음이라 어디에 있는지 헤매기도 했고, 너무 힘들어서 중간 중간에 숨 좀 고르다가 다시 뛰기를 반복했기 때문에 정말 비행기를 못 탈 수도 있겠다 싶었다.

하지만 겨우 도착한 후 우리는 좋은 건지 나쁜 건지 모를 소식을 들었다.

"비행기 지연 관계로 2시 30분부터 탑승 시작하겠습니다. 죄송합니다."

비행

오후 2시 36분에 비행기에 탑승했다. 27A에는 한 외국인이, 27B에는 걔가, 나는 27C에 앉았다. 27A가 창문 바로 옆이었기 때문에 살짝 아쉬웠다. 나는 창문 구경하는 것을 좋아하기 때문이다. 이륙 후 1시간 25분 뒤에 도착 예정이며 이륙할 때는 테이블을 접어야 한다는 안내 방송이 나왔다.

비행기가 공중에 뜨는 순간 나는 너무 무서워서 걔의 손목을 꽉 붙잡고 앉았다. 심장은 쿵쾅거리고 비행기는 좌우로 움직이고, 이상하게 전에는 걱정 한 번 안 하다가 닥치니까 무서웠다. 걔가 아프다고 할 때까지 점점 더 힘을 줘서 잡았다. 그 후 우리나라가 한눈에 보이는 하늘에서 안정을 찾은 나는 미리 챙겨온 여행 회화책을 꺼내서 작은 노트에 필요할 것 같은 일본어를 고르며 정리했다.

낯선 흥분

오후 5시 14분. 공항을 나오면 귀여운 신호등부터 눈에 띄었다. 어릴 때 모형 장난감을 가지고 소꿉놀이를 하던 게 생각나게 했다. 신이 났다. 낯선 모든 것들, 새로운 모든 것들을 보는 즐거움이 넘쳐흘렀다.

무거운 짐을 들고 리무진 버스를 찾아 돌아다니기 시작했다. 티켓은 버스 정류장 바로 앞에 티켓 머신이 있는데 거기서 구매하면 된다. 아주 쉽다. 1050엔에 리무진 버스 티켓을 샀다.

티켓을 가지고 버스정류장 앞에 서면 어떤 직업복을 입으신 할아버지가 우

리에게 다가와 짐을 달라고 하신다. 짐을 드리면 우리의 짐에 번호를 붙여 주고 우리에게도 같은 번호의 티켓을 주신다. 그럼 우리가 도착한 목적지에서 기사분이 우리에게 짐을 찾아주기가 쉬운 것이다. 아주 좋은 방식인 것 같다.

버스가 도착하고, 여유로웠던 버스정류장 앞에 사람들이 우르르 몰리면서 '짐 티켓'의 존재를 모르는 외국인들이 그냥 버스에 오르기 시작했다. 그래서 버스 기사가 그들에게 일본어로 혼냈다. 그래서 우리는 정작 버스에 타지도 못하고 멀뚱멀뚱 기다리고 있었다.

오후 5시 20분 리무진 버스를 탔다. 왜 이름이 리무진 버스인지는 모르겠다. 그냥 고속버스랑 똑같이 생겼다. 아무것도 몰랐던 나는 처음에 '리무진'이라고 해서 정말 고급스러운 차를 태워주는 줄 알고 좀 기대를 했었다. 그리고 그냥 버스를 보고 잠시 슬펐다.

오후 5시 25분 버스가 출발했다. 나는 리무진 시간표를 미리 출력해서 각각 3장씩 여분까지 챙겼는데, 그걸 볼 필요도 없이 걱정했던 하나의 과제가 너무나도 쉽게 풀려버렸다. 긴장이 조금 풀리고 편안한 마음으로 포켓 와이파이를 켜고 가족들에게 연락했다.

시작이 제일 나빴다

(주의 경고) 지금부터는 나쁜 이야기의 시작이다. 때는 리무진 버스에서 내린 후 걸어서 숙소를 가는 길이었다. 우리는 구글맵이라는 것을 깔아 놓기는 했지만, 전혀 어떻게 사용하는지를 몰랐다. 우선 '내 위치'를 계속 재설정해가며 내비게이션을 켰는데 어떻게 보고 읽어야 하는 건지 몰랐던 터라 그냥 무작정 걷다가 헤맸다.

"네 핸드폰이나 구글맵이 이상한 것 같다. 내비게이션을 *끄고* 가야 해."

걔가 의견을 냈다.

"그래."

하지만 내비게이션을 *끄고* 갔더니 더 가기가 힘들었다. 난 이상한 느낌이 들어서 다시 한번 내비게이션을 눌러봤다. 그랬더니 지도는 우리의 위치로 전혀 이상한 곳을 가리키고 있었다.

"완전 잘못 왔는데?"

난 그제야 구글맵 보는 법을 파악해서 다시 내비게이션을 켜고 제대로 갈 수가 있게 되었다. 하지만 이미 꽤 헤맸던 터라 걔는 모든 게 내 탓인 양 짜증을 내기 시작했다. 설상가상으로 비가 오기 시작했고, 미리 우산을 챙겨둔 나는 가방에서 우산을 꺼내 걔와 같이 썼다. 근데 한 손으로 트렁크를, 또 한 손으로 내비게이션 앱을 켠 핸드폰을 든 상태에서 우산까지 들고 가니깐 너무 힘든 것이다. 도저히 안 되겠어서 걔에게 우산을 들어 달라고 부탁을 했다. 그러자 이번엔 우산을 너무 걔에게 가까이 써서 나는 실크 옷이었는데 어깨 안으로 빗방울이 그대로 들어왔다. 당연히 걔가 일부러 그런 게 아니라는 건 알지만 여러 가지로 짜증이 난 나는 애써 화를 참으며 힘들게 길을 찾아서 겨우 숙소에 도착했다.

숙소는 일반 가정집 같이 생겼다. 굉장히 가파른 계단을 3층이나 올라가면 그곳에 우리가 잡은 방이 있었다. 우리는 우선 다 닳은 핸드폰 배터리부터 충전하고 나는 길을 찾기 쉽도록 급하게 작은 지도를 노트에 그린 후 그 옆에 기타 정보를 적기 시작했다.

'우선은 나가고 보자!'

비행기가 1시간이나 지연되었고 버스를 한참 타고, 또 숙소까지 걷는 데만 거의 1시간은 걸렸다. 따라서 우리는 생각할 겨를도 없이, 포기할 겨를도 없이 나가야만 했다.

"할 수 있어. 할 수 있어."

나는 계속 다독이는 말을 중얼거렸다. 걔보고 들으라고 한 말이었지만 나보고 들으라고 한 소리기도 했다. 너무 기분이 착잡해서 기분을 좋게 만들려고 노력했다. 한 명의 기분이 안 좋아지면 모두의 분위기까지 안 좋아지기 때문에 속상한 티를 내면 첫날부터 여행이 망칠 것만 같았다. 나는 우울해진 분위기를 살리기 위해 계속해서 희망적인 얘기를 건넸다. 우리는 잘했다. 이제 더 잘 시작하면 된다. 하지만 걔도 매우 속상했는지 대꾸가 없었다.

오뚜기

오후 7시 40분. 숙소에서 나오자마자 인상적이었던 건 분홍색 하늘이었다. 태어나서 분홍색 구름은 처음 본 것 같다. 하늘색과 분홍색의 조화가 너무 예뻤다.

오후 8시 10분, 신사이바시스지에 도착을 하고 'G.U'라는 옷가게를 제일 먼저 발견했다. 내가 미리 조사했던 옷가게였지만 내가 더 찾고 싶어 하는 'WE GO'라는 옷가게는 오후 9시에 닫는다고 들었기 때문에 우선 WE GO를 더 먼저 찾기로 했다. 하지만 WE GO를 막상 찾고 나서 우리는 실망하고 나오게 되었다. 여행 정보책에서는 분명히 구제샵이라고 했었는데 예전 정보인지 온통 새 옷들뿐이었고 생각보다 옷이 난해하고 엉뚱하기만 했다. 예쁘지 않은 디자인에 가격도 품질에 비해 비쌌다. 우리는 다시 아픈 다리를 이끌고 G.U로 향했다.

WE GO와는 정반대로 G.U는 우리의 여행에 생기를 불어 넣어주었다. 저렴한 옷들이 많았고 그에 비해 품질이 너무 좋았고, 예뻤다. 우리는 미친 듯이 옷을 고르기 시작했다. 몸은 아팠지만, 정신은 행복했던 시간이었다. 우리는 서로 마음에 드는 옷을 보여주며 비교하고 입어보고 정신없이 쇼핑했다. 거기에 시간이 다 갔다. 그러다가 문 닫는 시간보다 30분이나 더 지났다는 사실을 뒤늦게 깨닫고 우리는 빨리 지하 1층 TAX FREE 계산대로 내려갔다. 걔는 마지막으로 옷 하나를 바꾸고 오고 싶다고 해서 나는 기다릴 테니 빨리 다녀오라고 했다. 걔가 옷을 바꾸고 올 동안 내가 계산을 끝낼 생각이었다. 하지만 문제가

있었다. 우리 둘은 어쩌다가 서로의 핸드폰을 바꿔서 돌아다니게 되었는데 그
래서 나는 걔의 핸드폰을 들고 있고 걔가 내 핸드폰을 들고 있었던 것이다. 핸
드폰에 여권 사진 파일을 넣어 두었기 때문에 난 하는 수 없이 직원에게 기다
려 달라고 부탁하고 다시 한참을 기다린 후에 걔가 다시 돌아왔다.

드디어 계산할 수 있게 된 나는 여권을 보여 달라는 말에 당당히 여권 사진
을 핸드폰으로 보여줬지만, 직원은 사본은 안 된다고 하며 당황스러워했다. 걔
도 사진만 가지고 왔기 때문에 우리 둘 다 결국 퇴짜를 맞았다. 옆에 있던 한국
인 커플이 넋이 빠진 우리 둘을 계속해서 힐끔힐끔 보는 게 느껴졌다. 그 둘이
들고 있는 여권이 그렇게 부러울 수가 없었다. 너무 실망스러웠지만 우리는 그
렇게 오랫동안 골라놓은 옷들을 다시 직접 제자리에 가져다 놓을 수밖에 없었

다. 금방이라도 좌절감에 푹 빠져들 것만 같은 기분에 나는 다시 희망적인 말들을 쉴 새 없이 내뱉기 시작했다.

"괜찮아. 내일 오면 되지 뭐. 아, 내일 유니버설 가야지? 그럼 언제 올까? 마지막 날까지 세일 계속하기는 하겠지? 뭐 그사이에 저 많은 옷이 사라지겠어?"

"……."

걔는 실망이 큰 듯 대답이 없었다. 난 다시 무슨 얘기를 꺼내야 좋을까 이리저리 머리를 굴렸다.

"도톤보리 가서 밥이나 먹자!"

"그래."

걔가 대답했다.

환상

우리는 도톤보리까지 걷기 시작했다. 주유 패스가 있었지만 이미 시간도 많이 늦었으니 마지막 이틀 동안 쓰는 것이 더 효율적일 것 같다고 생각했기 때문이다. 숙소 가는 그 험했던 여정 동안 여러 가지 시행착오를 겪었던 덕분에 나는 이제 구글맵을 보는 방법을 거의 완벽히 파악한 상태였다. 그래서 길을 많이 헤매지는 않았다. 우리는 G.U에서 얻은 허무한 마음으로 도톤보리에 도착했다. 하지만 좌절은 거기서 끝나지 않았다. 여행을 가기 전 우리는 한국에서 알려진 일본 맛집이 믿을 만한 곳이 적다는 정보를 주변 사람들에게 들었다. 그래서 조사를 하지 않고 갔는데 문제가 도톤보리 안에 어디가 맛있는 곳인지 전혀 모르겠는 거다. 솔직히 음식점들이 요리하는 사람이라기보다는 장사하는 사람들 같았다. 그동안 드라마에서 보던 아담하지만, 맛은 굉장히 깊은 그런 곳은 정말 환상에 불과했던 건가? 싶었다. 너무 슬펐다.

"정 먹을 거 못 찾으면 오늘은 편의점에서 때우자."

걔가 말했다.

"그래."

힘이 빠진 내가 대답했다. 마지막 희망을 걸고 한참을 걸어간 우리는 도톤보리와 멀어지고 점점 조용하고 이상한 곳으로 향하기 시작했다. 음식집은 거의 보이지 않았다. 이러다 정말 편의점에서 끼니를 해결하게 될 것 같아서 될 대로 되라 싶은 심정으로 아무 집이나 무작정 들어갔다. 신기하게도 그곳은 맛집으로 보이는, 유명인들의 사인이 가득한 집이었다. 하지만 그곳은 고깃집이었다. 우리는 일본식 음식을 먹고 싶었지만 거긴 한국에서도 볼 수 있는 일반 고깃집이었고 고기 음식이라 그런지 가격이 많이 비쌌기 때문에 '스미마셍'을 6번 정도 말하면서 나갔다. 그냥 먹어볼 걸 싶기도 하다.

나의 첫 끼니

오랜 시간 헤맨 끝에 오후 10시 20분 우리는 어느 작은 골목에 있는 오코노미야키 집을 찾았다. 이름은 혼케 오타코 호겐지점이라고 한국어 메뉴판에 쓰여 있었다. 밖에는 영어, 중국어, 일본어, 한국어로 적혀 있는 메뉴판 종이들이 묶음으로 놓인 테이블이 있었는데 걔는 너무 지저분하게 되어 있다며 나라별 묶음들을 차곡차곡 예쁘게 놓아 주었다. 뜬금없지만 그 모습이 착한 것 같아서 감동한 나는 장난을 치며 동영상을 찍었다. 그렇게 우리가 밖에 놓인 메뉴판을 뒤적거리며 서 있자, 안에서 요리를 하던 직원이 문을 열고 고개를 내밀고는 우리에게 말을 걸었다.

"안녕하세요?"

"어? 한국말 하세요?"

걔는 신기했는지 물었다. '안녕하세요.' 밖에 모르는 직원은 걔의 말을 못 알아듣고 당황스러워 했다. 걔도 당황스러워했다. 난 웃겨서 킥킥 웃었다. 우리는 괜찮은 것 같으니 들어가 보기로 했다.

우리는 새우 야끼소바 850엔짜리, 오코노미야키 (돼지고기) 750엔, 츄하이 (복숭아/거봉) 각 420엔씩 해서 주문을 했다. 나중에 걔가 목마르다고 바야리스 오렌지(250엔)를 하나 더 시켰는데 탄산이 약간 있는 음료였다. 걔는 탄산수 같기도 하다고 비유했다. 하지만 탄산수를 아주 싫어하는 나는 인정하지 못했다. 그건 맛있었기 때문이다. 걔는 무언가를 보고 비유하는 걸 좋아하는데 오꼬노미야키가 동그랑땡 같다고 표현했다. 완전 자기 스타일에 맞는단다. 난 그 표현이 좋아서 적어 두었다. 참고로 그게 나의 그 날 첫 끼니였는데, 사실 그렇게 양이 많지는 않았지만, 맛있었다고는 확실히 말할 수 있다.

호랑이 담배 피우던 시절

식당 안에서 어떤 일본인 남자가 담배를 피우기 시작했다. 난 그 모습을 놀래서 바라보는데 마침 음식이 나왔다. 걔의 관심은 음식으로 돌아갔지만 난 담배 피우는 사람과 재떨이를 계속 바라봤다. 이렇게 번화한 곳에 아직도 담배를 피워도 되는 식당이 있다니. 그 뒤로도 계속 나는 식당 안에서 담배를 피우는 광경을 목격할 수 있었다. 우리나라에서는 굉장히 옛날에 있었던 풍경이고 지금은 밖에서 담배를 피우던가, 혹은 흡연실이 따로 있지 않은 곳을 찾기가 힘든데 일본은 그런 것에 관해 별로 신경을 쓰지 않는 모양이었다. 난 여행자이기 때문에 한 번 참으면 그만이지만 비흡연자 일본인들이 힘들 것 같았다.

반전

　여기서 뒤늦게 알게 된 반전이 하나 있다. 마츠야, 이곳은 우리 숙소를 지날 때마다 3~4번은 봤던 곳인데, 난 그냥 일본의 곳곳을 찍느라고 사진을 찍어둔 곳이었다. 몇 번이고 생각 없이 지나쳐 갔는데, 나중에 우연히 이곳이 일본에서 규동으로 유명한 맛집이라는 사실을 알게 되었다. 허탈함에 웃음이 나왔다. 내가 이곳을 얼마나 많이 지나쳤는데! 우리는 매번 음식점을 찾지 못해서 실수도 하고, 일본까지 와서 규동 집을 발견하지 못해서 한 번도 못 먹어봤는데 이렇게 코앞에 맛집을 두고 모르고 지나갔다는 사실이 슬픈 반전이었다.

의외의 행복

내게 행복을 준 장소는 의외의 장소였다. 오후 11시 반. 이곳저곳을 구경 다니던 우리는 한 게임 방 앞에서 멈추어 섰다. 걔는 강아지를 기르고 있어서 흰둥이 캐릭터를 좋아하는데 마침 그 게임 방 앞에 흰둥이 동전 지갑 뽑기 기계가 있는 것이다. 걔는 심혈을 기울여서 도전했고 나도 계속해서 응원해주었지만 결국 400엔을 날리고서야 내가 필사적으로 걔를 말린 덕분에 도전은 멈출 수 있게 되었다. 대신 우리는 대리 만족이라도 하기 위해 게임 방 안에 있는 여러 가지 인형 뽑기 기계들을 구경했다. 그러다가 발견한 스티커 사진 기계.

"일본에 가면 스티커 사진 한 번쯤은 찍어줘야지!"

우리가 일본에 가기 전부터 얘기가 나왔던 곳이었다. 난 기쁜 마음으로 달려가 걔를 스티커 사진 기계로 끌고 갔다. 400엔을 넣고 화면을 보면 다양한 디자인을 선택할 수 있게 되어있다. 한참을 고르다가 시간이 다 가버려서 어리둥절한 채로 무언가 선택이 되고 기다리라는 표시를 멍하니 바라봤다. 뭐가 어떻게 된 건지 잘 몰랐지만, 사진을 찍는 동안 너무 재밌었다. 사진이 기본적으로 화사하게 나와서 평소 사진 찍을 때보다 잘 나왔다.

사진을 다 찍고 우리는 사진을 수정하는 장소를 찾지 못해서 헤매고 있었다. 그러자 우리에게 중국인 여자아이들 3명이 다가와 영어로 설명해주었다. 사실 그 아이들이 생각하는 우리가 헤매는 이유와 우리가 정말 헤매는 이유가 달라서 도움이 되지는 않았지만, 그 친절함에 난 감동을 해서 'Thank you'를 연발했다. 언제, 어디서든 친절은 언제나 사람을 따뜻하게 만든다.

클럽 거리

우리는 기쁜 마음으로 사진을 들고 돌아갔다. 가는 길에 클럽만 주야장천 나열되어있는 거리를 지났는데 그곳에는 검은 양복을 입은 일본인들이 무섭게 지키고 서 있고 어떤 곳은 흑인이 서 있기도 했다.

'뭐지?'

딱 봐도 무서운 집단 같았다. 일본에 가면 클럽도 한 번 가 보고 싶었는데 왠지 그곳은 절대 가면 안 될 것만 같았다. 나중에 친구에게 그 얘기를 해 주니 친구는 깔깔 웃으면서 한국에 있는 클럽이나 가 보라고 나를 나무랐다. 맞는 말이라 고개를 끄덕였다.

여행의 성공

숙소로 돌아가는 길에 아메리카무라를 지났다. 내가 가장 가고 싶었던 곳이었는데 동시에 가장 실망스러운 곳이라고 할 수 있겠다. 12시도 안 넘은 시간에 사람이 아무도 없고 가게 문은 모두 닫혀 있었다. 책에서 '일본의 미국'이라고 표현했는데, 그런 느낌을 전혀 느낄 수가 없었다. 책에서 말하던 라이브 카페나 버스킹도 보이지 않았다. 심지어 우리는 바지가 다 내려가서 엉덩이가 훤히 다 보이는 한 젊은 노숙자가 쓰레기통을 뒤지는 광경을 목격하게 되었다. 먼저 발견한 나는 아무것도 모르고 떠들고 있는 걔의 손목을 잡고 빨리 반대편 인도로 건너갔다. 뒤늦게 발견한 걔는 비위가 상했는지 얼굴을 찡그리며 욕했다. 어느 곳을 가든지 선과 악이 존재하는 것 같다. 그런 광경은 그 어느 여행책에서도 설명해 주지 않아서 우리는 많이 놀랐다.

걔는 배가 고프다며 숙소를 가는 길에 편의점을 들르자고 했다. 드디어 그 유명한 '일본 편의점'에 가는 건가? 우리는 오후 11시 55분에 한 편의점을 들렀다. 나는 너무 온몸이 쑤시고 아팠으며 피곤했기 때문에 음식을 먹을 기분은 아니었고, 목이 너무 말라서 마실 것만 샀다. 걔가 여러 가지 음식을 심혈을 기울여서 고르는 동안 나는 편의점 사진을 실컷 찍었다. 한 면은 제과점을 통째로 옮겨 놓은 것 같고 또 한 면은 도시락집을 통째로 옮겨놓은 것 같았다. 늦은 시간이어서 그런지 삼각 김밥이나 도시락 코너는 거의 거덜이 나서 텅텅 비어 있었다.

일본은 1,000엔과 5,000엔도 동전으로 만들기 때문에 동전을 관리하기가 굉장히 골치가 아픈데, 난 음료를 계산하다가 동전을 우르르 떨어뜨렸었다. 그러자 뒤에 줄을 서고 있던 일본 아저씨 두 분이 한 치의 고민도 없이 바로 나와 함께 동전을 줍는 걸 도와주셨다.

"아리가또 고자이마스."

감동한 나는 여러 번 감사 인사를 했다. 내게 여행의 성공을 결정짓는 것은 장소가 아니라 거기서 벌어지는 상황과 만나는 사람인 것 같다.

여행의 실패

7월 19일로 넘어간 새벽 12시 5분. 계산을 마치고 12시 15분에 우리 숙소에 도착했다. 우리가 산 음료는 같은 종류인데도 포도 맛은 탄산음료였고 배 맛은 그냥 음료수였다. 걔는 탄산을 먹기 싫었는데 잘못 골랐다고 불평했다. 제일 힘든 게 언어를 몰라서 음식을 잘못 고르는 순간인 것 같다. 나도 나중에 그냥 물인 줄 알고 샀다가 탄산수를 산 적이 있다. 제일 싫어하는 음료가 탄산수인데 말이다. 목이 말라서 할 수 없이 마셨던 기억이 있다.

날씨

날씨는 우리가 가장 걱정했던 부분이었다. 숙소 찾을 때 갑자기 비가 쏟아졌는데 앞으로의 여행에서 계속 지속될까봐 불안했다. 하지만 그 이후로는 놀라울 정도로 덥지도 않고 화창하면서 모든 것이 딱 적당한 날씨였다. 하늘이 분홍색이었던 것도 너무 인상적이고 예뻤다. (다음 날부터는 심하게 더워져서 고생이 시작되었다.)

안 좋은 숙소

숙소는 사실 생각보다 매우 좋지 않은 곳이었다. 여행을 다녀온 후 돈을 좀 쓰더라도 좋은 숙소를 예약하는 것이 얼마나 중요한 것인지 깨닫게 되었다.

-욕실

1층에 있는 커다란 방에는 세탁기와 화장실과 욕실이 있다. 하지만 화장실은 변기 밑에 물 흔적이 동그랗게 있었다. 전혀 깔끔하지 않아 보였다. 욕실은 목욕탕 안에 때 구정물이 잔뜩 있었다. 충격받은 나는 일본에 와서 가장 하고 싶었던 게 반신욕이었지만 당장 포기하고 바닥에서 빠르게 씻은 뒤에 나왔다. 씻는 동안 너무 고통스러웠다. 목욕탕은 목욕탕대로 너무 더럽고, 그 비좁은 공간에 살짝 창문이 열려 있어서 어두운 밖의 모습이 보이니깐 자꾸 무서운 생각이 드는 것이다. 그나마 좋았던 건 밖에 비치되어있는 수건이 많아서 편했다.

- 열쇠

양쪽에 열쇠가 달려 있는데 색깔로 구분을 해놓았다. 노란 부분이 방 열쇠

다. 초록 부분은 'Entrance라고 적혀 있는데 절대로 건들지 말라고 주인아저씨가 신신당부하셨다. 나갈 때 Key box가 있으니 거기에 열쇠를 넣고 나가면 된다. 게스트 하우스라고 하지만 그런 느낌은 안 나고 그냥 각자 자는 민박집에 가까웠다. 난 낯선 여행객과 대화를 해 보고 싶어서 기대했는데 그럴 기회가 전혀 없어서 아쉬웠다.

- 침실

현관에서 안으로 들어가려면 슬리퍼를 신어야 한다. 왠지 바닥은 더러울 것 같아서 실내에서도 슬리퍼 밑으로 절대로 내려가지 않으려고 노력했다.

우리는 급하게 예약을 하느라 3인실 방을 그냥 예약했다. 때문에 침대가 방 안에 3개가 있었는데 아저씨는 재빨리 침대 하나를 접으셨다. 접히는 침대를 처음 봤다. 사실 그런 침대는 별로 좋아 보이지는 않기 때문에 나는 딱딱하고 불편할까 봐 걱정했다. 근데 새벽 2시 37분에 자기 직전까지 '침대는 푹신푹신 편안함'이라고 메모를 해 두었다. 진짜 편했다. 이불도 푹신푹신하고 포근하고 부드러웠다.

휴족 시간

새벽 12시 38분. 난 다 씻고 방으로 올라왔다. 찜찜하고 무서웠던 시간이었지만 상쾌함은 좋았다. 그 사이 걔는 혼자 아까 산 도시락과 맥주 그리고 삼각 김밥을 먹었다. 난 짐과 옷을 정리하고 돈을 계산하고 부서질 것 같은 다리에 '휴족 시간'이라는 파스를 잔뜩 붙였다. 천국이 따로 없었다. 휴족 시간은 오후 10시 5분, 밥도 못 먹고 헤매고 있었을 때 내가 급하게 하나 산 것이다. 지금 다시 생각해도 내가 그때 휴족시간을 사지 않았더라면 너무 아파서 그 날 잠도 못 잤을 것 같다.

오코노미야키 집에서 옷에 고기 냄새가 뱄는데 옷걸이가 방에 아주 많았기 때문에 우리는 옷을 전부 걸어 두었다. 손빨래한 속옷과 양말도 같이 걸었다.

새벽 1시 반, 걔는 혼자 씻으러 가기 무섭다고 내게 같이 가달라고 했다. 나는 심심할 것 같아서 노트를 들고 따라갔다. 걔가 안에 들어가고, 현관 앞에 혼자 선 나는 오늘 있었던 일들을 대강 정리하며 기다렸다. 2시, 걔가 나오고 우리는 다시 올라갔다.

새벽 일기

　방으로 다시 올라가서 잠들기 전에 자꾸만 가족들 생각이 나서 일기를 썼다. 새벽이라 그랬는지, 힘들어서 그랬는지 가족들이 너무 보고 싶어서 엄마, 아빠께 선물 드리고 싶은 이야기를 열심히 썼다.

둘째 날

—

매미 병

오전 8:00 알람이 울리기도 전에 깼다.

'이게 뭐야⋯⋯.'

몽롱한 기분으로 주위를 둘러봤다. 처음엔 샤워하는 소리 같았다. 물이 내려가는 소리 말이다. 근데 샤워실은 1층인데 왜 3층인 우리 방까지 물소리가 들리는 건가 싶었다. 하여튼 너무 시끄러웠다. 얼떨결에 일어난 나는 노곤한 몸을 이끌고 방을 나섰다. 밖을 나와서 계단을 내려갈 때 보이는 작은 창문에서도 이상한 소리가 끊이지를 않고 들렸다.

'물소리가 아닌가?'

너무 피곤해서 그런지 모르겠는데 발의 감각이 별로 느껴지지 않았다. 1층으로 내려가니 센서가 바로 팅! 하는 소리를 내며 작동하여 불이 켜졌다. 거기서도 그 '소리'는 끊이지를 않고 나를 괴롭혔다. 샤워실에는 아무도 없었다. 무

슨 소리인지는 모르겠으나 밖에서 나는 소리였다. 그리고 잠시 뒤에 난 이 소리가 매미 소리라는 것을 확신할 수 있었다. 충격적일 정도로 시끄러웠다. 징그러울 정도였다. 이상한 말이지만 무슨 매미 병(?)에 걸린 매미들 같았다. 전염병 같은 거로 말이다. 전날에는 매미 소리가 전혀 안 들렸기 때문에 더 놀랐던 것 같다.

1박 2일

어제 새벽 3시에 자서 오늘 아침 8시 기상. 지금 이 숙소 안에 나 혼자 일어난 듯 아주 조용했다. 나는 '1박 2일' 시즌 1을 굉장히 좋아하는데 그 프로그램을 보면 전날에 어마어마하게 고생을 하고 멤버들이 다음 날 엉망진창인 얼굴로 눈을 뜬다. 그 느낌이 뭔지 알 것 같았다. 첫날부터 몸이 박살이 났다. 별수가 있는 것도 아니고 그냥 큰일이었다. 정신력으로 버티는 수밖에.

리스펙트!

걔가 뒤늦게 일어나고, 준비를 오래 하는 성격이라서 이미 나갈 준비를 다 마친 나는 그동안 TV를 봤다. 난 사실 TV를 사랑하는 사람이다. 너무 아침이라 그런지 쇼핑몰이나 건전한 교양 방송밖에 안 나와서 지루하던 참에 일본 유아 방송을 우연히 틀게 되었다. 난 감탄을 금치 못했다. 그 채널이 유아 방송 전문 채널인지 여러 가지의 유아 방송이 끝도 없이 새로운 형태로 나왔고 퀄리티도 너무 좋았다. 창의적인 방법으로 다양한 형태의 방송을 만들고 내용도 각각 알차고 연기자들도 굉장히 실력 있는 데다 아이디어도 너무 좋았다. 동요도 나오다가 만화가 나오다가 어린이 연기자가 나오다가. 계속 새로웠다.

다음 날 다른 숙소에 가서 아침에 TV를 틀었을 때 또 같은 순서대로 방송이 나왔는데 하루 사이에 그 퀄리티 있는 방송이 또 다른 내용으로 방영이 되고 있었다. 도대체 그 수많은 방송을 어떻게 하루 만에 찍고 편집을 하는 것인지 놀라울 따름이다. 내게 가장 인상 깊었던 것은 한 남자 연기자의 동화 1인극이었다. 처음에는 이게 뭔가 싶었는데 나중에는 제일 멋있다고 느꼈다. 동화 1편을 남자분이 여러 캐릭터에 빙의하여 대사를 읊고 상황을 설명해주는 내레이

선도 하고, 열정적으로 땅바닥에도 구르고 주저앉고 하면서 연기하는 모습이 너무 인상적이었다. 일본어는 못 알아들었지만, 그냥 뜻 모르고 봐도 재미있었다.

실망

우리는 숙소에서 가장 가까운 산카쿠코엔부터 가기로 했다. 오전 10시 30분. 빠르게 도착을 했지만, 생각보다 너무, 너무, 너무 작은 공원을 보고 실망을 할 수밖에 없었다. 도대체 여행책에 이 공원을 왜 넣은 건지 이해가 되지 않았다. 시골에 있는 우리 집 앞에 있는 공원도 이것보단 컸다. 고개를 가로저으며 다시 다음 목적지를 정하기로 했다. 걔는 오렌지 스트릿에 가고 싶다고 했다. 가까이 있어서 우리는 금방 도착을 했지만, 또다시 좌절할 수밖에 없었다. 가게들이 문을 다 닫은 것이다. 거의 오후 1시부터 여는 듯했다. 이곳은 마치 가로수길 같았는데 온통 세련된 옷가게뿐이었다. 밥을 먹고 싶은데 옷가게 말고는 아무것도 보이지 않았다. 좋은 곳 같기는 했지만, 타이밍을 잘못 잡아도 너무 잘못 잡았다. 결국, 10시 50분까지 무작정 길을 걷다가 포기하고 돌아갔다.

Tax free

오전 11시. 신사이바시스지에 도착했다. 사람이 많았다. 엄청 많았다! 우리가 이곳에 온 목적은 G.U에 가서 어제 못 산 옷을 사기 위해서였다. 원래는 둘째 날에 유니버설을 가기로 했었지만, 몸이 너무 힘들었기 때문에 다음으로 미루게 되었다. 오늘 오전에 난바 지역을 쭉 보고 재빨리 교토를 가는 것이 바꾼 계획이다. 재빨리 옷을 고르려고 했지만, 막상 오니 또 다른 옷들이 눈에 띄기 시작했다. 걔도 마찬가지였다. 우리 둘은 또다시 한바탕 쇼핑을 했다.

계산하면서 알게 된 사실은 G.U에서 TAX FREE를 받으려면 바코드로 뭘 찍어서 영수증을 뽑고 그 영수증을 여권에 스테이플러로 찍어서 증거를 남겨야 하는 것이었다. 어제 복사본으로 해달라고 하는 우리가 얼마나 바보 같았을지 상상이 됐다. 오후 12시에 마침내 계산을 끝냈다. 어제와 일하는 직원들이 달랐지만, 여전히 모두들 친절했다.

일본에서 휴지통을 찾는 법

이곳에서 일정을 끝내고, 나는 지도를 살펴보았다. 여행 전, 내가 모든 일정과 지역을 정리했던 터라 어쩌다 보니 여행 가이드가 되어 있었다.

"마지막으로 나가호리바시에 들러서 점심 먹고 교토로 가자."

우리는 다 마신 음료의 페트병을 버리고 싶었는데 휴지통이 안 보이는 것이다. 한 손으로는 캐리어와 쇼핑을 마친 옷들을 잔뜩 들고, 다른 한 손으로는 핸드폰과 모든 정보를 간략히 적어둔 노트를 들고 다녀야 하는 나는 손이 모자라서 힘들었다. 팔이 빠질 것 같은 건 둘째 치고 손에 다 담을 수가 없었다. 한 가게의 직원에게 휴지통이 어디 있냐고 물어보기 위해 번역기로 검색까지 했다가, 왠지 물어보면 자신의 가게에 버려달라는 부탁으로 받아들이고 억지로 쓰레기를 대신 버려줄까 봐 미안해서 선뜻 말을 하지 못했다. 결국, 그냥 가게를 나온 우리 둘은 휴지통을 찾아 헤매기 시작했다. 이럴 때, 팁이 하나 있자면 '자판기'를 찾을 것을 추천한다. 일본은 길가에 주차장이 매우 많은데 그 옆에는 항상 자판기가 있다. 그리고 자판기 옆에는 항상 휴지통이 있다. 우리는 그제야 페트병을 버릴 수가 있었다.

밥

사건이 하나 있었다. 가는 길은 너무 더워서 힘들고 짜증 났다. 거기에 짐은 너무 무겁고, 남는 손도 없었다. 나는 한 손으로는 지도를 들고 봐야 했기 때문에 모든 짐을 왼손으로 옮겨서 왼팔만 빠질 것 같았다. 그 상태로 우리는 한 라멘집을 발견하게 되었다.

"여기서 밥 먹고 갈래?"

내가 물었다. 커다란 간판으로 '준도야 라멘'이라고 적혀 있었다. 4명 정도의 일본인이 가게 앞에서 대기하고 있었다. 유명한 집 같았다. 대기하는 것도 건물 아래 커다란 그늘이 있는 벤치에서 하는 거라 더울 걱정도 없었다. 하지만 걔는 뭔가 마음에 들지 않는지 고개를 갸우뚱거렸다.

"여기가 어딘 줄 알고 먹으러 가는데?"

걔가 말했다. 나는 핸드폰으로 재빨리 검색했다. 그러자 정보들이 굉장히 많이 나왔다. 일본 현지인이 좋아하는 라멘집이라고 나왔다. 난 곧바로 신나서 알려주었다. 하지만 걔는 여전히 마음에 들지 않아 했다.

"가격도 너무 비싸. 가자."

"가자고?"

가격도 750엔부터 시작해서 1050엔까지 다양하기는 했으나 그렇게 비싼 것 같지는 않았다. 하지만 싫다는데 우길 수도 없고 난 그냥 가기로 했다. 우리는 한참을 더 걸은 후에야 나가호리바시 역을 발견할 수 있었다. 나가호리바시에서 꼭 가려고 했던 주류 가게와 인테리어 샵이 있었는데 둘 다 너무 힘이 안 나서 밥을 먹고 가게를 찾아보기로 했다. 그런데 맙소사! 가게 여는 시간과 맞지 않게 도착한 것이다. 음식점들은 거의 5시에 여는 듯했다. 괜찮은 음식점이 하나도 없었다.

"우리 둘 다 상태가 안 좋으니까 열려 있는 음식점 아무 곳이나 들어가자."

걔가 말했다. 걔가 가리키는 그 가게들은 아까 봤던 라멘 집과 가격이 비슷했다. 한국에서도 흔히 볼 수 있는 평범한 파스타 집이었다. 난 한국에서도 자주 먹는 음식을 굳이 일본까지 와서 먹고 싶지가 않아서 선뜻 대답하지 못했다.

"네가 찾은 집이 어디야?"

그러자 걔가 대뜸 물었다.

"무슨 집? 주류 가게?"

내가 갸우뚱거리며 되물었다.

"아니, 맛집."

"맛집은 안 찾았는데?"

알고 보니 걔는 내가 한참 준도야 라멘에 대한 정보를 말해 줬을 때 그걸 나가호리바시에 있는 집이라고 알아들었던 것이다. 내가 손으로 바로 옆에 있는 준도야 라멘집을 가리키면서 열심히 설명했는데 말이다.

"그럼 다시 가자."

걔는 내게 말했다. 나는 속으로 한숨을 쉬었다.

'이렇게 한참을 걸어왔는데 다시 돌아갔다가 밥을 먹고, 또다시 여기를 와야 하는 건가.'

나가호리바시는 사실 내가 오고 싶어 한 곳이었는데 몸이 너무 힘드니 포기하는 것이 나을 것 같다는 생각이 들었다. 난 나가호리바시에서 교토로 가는 법밖에 몰랐기 때문에 급하게 지도를 켜서 준도야 라멘집에서 바로 교토를 가는 더 가까운 길이 있는지 검색했다.

"뭐하는데?"

그러자 걔는 내게 짜증을 냈다. 나는 차근차근 설명해 주고 검색을 마저 했다. 다행히 돌아가지 않고 가는 방법이 있었다. 신사이바시스지역에서 가는 방법이었다. 우리는 다시 한참을 걸어서 준도야 라멘으로 향했다. 내가 꼭 가고 싶었던 주류 가게와 인테리어 숍은 그렇게 날아가 버렸다. 하지만 그것보다 속상했던 건 길을 찾는 내내 걔는 자꾸 툴툴거리고 내 말을 무시하고 굳은 표정을 지으며 짜증을 냈다. 그 모습을 보니 나까지 기분이 안 좋아졌다. 이렇게 된 게 내 탓도 아닌데 억울하기도 했다. 우리는 말 없이 걷기만 했다.

라멘 킬러

라멘집에 도착하고, 우리는 운 좋게 대기 없이 바로 들어갈 수 있었다. 가게 안은 생각보다 좁았는데 손님이 바글바글했다. 우리는 거의 1시간 동안 뜨거운 태양 아래에서 걷다가 무척 더운 상태에서 식당을 들어간 건데 생각보다 가게 안이 시원하지 않았다. 그래서 에어컨을 틀어 달라고 부탁을 하니 에어컨이 고장이 났다며 죄송하다고 했다. 하필이면 이럴 때에 고장이라니, 슬펐다. 1시 25분. 물통이 나오고 우리는 꿀꺽꿀꺽 쉴 새 없이 물을 마셨다. 그제야 살 것 같았다. 특이하게도 테이블마다 반찬 통 옆에 부채가 있었는데 센스 있었다. 우리는 부채 하나를 가지고 서로에게 부채질을 해주며 더위를 식혔다. 확실히 가장 사람을 화나게 했던 더위를 피하니 기분이 많이 풀려서 나는 분위기를 풀기 위해 더 밝게 말을 건넸다. 우리 둘 다 매운 라멘을 시켰다. 매운 라멘은 살짝 느끼했지만 나쁘지 않았고, 무엇보다 반찬으로 제공되는 볶음 김치 같은 파 요리가 그 느끼함을 잡아줘서 너무 맛있었다. 난 마지막 국물까지 싹싹 비웠다.

50엔

매운 라멘은 900엔이었는데 계산대에 선 직원은 850엔을 내라고 했다. 당황한 나는 나도 모르게 'No!'라는 말을 큰소리로 외쳤다.

"We ate hot Ramen."

내가 설명했지만, 직원은 얼굴을 찡그리며 알아듣지 못했다. 열심히 손까지 써가며 설명했지만 못 알아들은 직원은 짜증을 내며 다른 직원을 찾으러 들어갔다. 그래서 조금 상처를 받았다. 그 후 우리 영어를 잘하는 직원이 우리를 도와줘서 우리는 각각 900엔을 내고 다시 그 뜨거운 거리로 나갔다.

이목구비

여러 번 느꼈는데 일본엔 이국적으로 생긴 사람이 많은 것 같다. 섬나라여서 그런 건가? 섬나라 사람들이 덧니가 많다는 얘기는 들은 적이 있긴 한데 이것도 비슷한 관련이 있나? 아니면 일본 특유의 유전자가 그런 건가? 혼혈이 많아서 그런 건가? 이유는 모르겠다. 적어도 확실한 건 우리나라보다 다양한 종류의 이목구비가 존재하는 것 같다. 이유가 뭘까?

우체부

지나가는 길에 우체부를 봤다. 자그마한 장난감 같은 차에 요정 같은 여성 우체부가 운전석에 앉아 있었다. 그 모습을 보니 마치 우리 마음대로 일본의 애니메이션 안으로 들어가서 자신이 만화 속 우체부 캐릭터라는 것도 모르고 평소처럼 일하고 있는 주인공의 모습을 엿보고 있는 느낌이 들었다. 자기 일을 하고 있었던 것뿐인데 왜 그렇게 멋져 보이고 설레었는지 모르겠다.

특이점

교토에서 알게 된 한 가지 사실. 오사카 사람들은 오른쪽으로 줄을 서고, 교토 사람들은 왼쪽으로 줄을 선다는 점이다. 오사카에서는 우리나라처럼 사람들이 오른쪽으로 줄을 섰다. 근데 교토에 가니 사람들이 다 왼쪽으로 줄을 서고 있었다. 우리도 따라서 왼쪽으로 줄을 섰는데, 아무리 생각해봐도 특이하다. 지역마다 어떻게 줄 서는 방향이 다를 수가 있을까?

코인 라커

　오후 4시 20분. 우리의 계획은 오사카에서 점심에 출발하여 교토로 가는 것이었지만 우린 늦은 오후가 되어서야 교토에 도착하게 되었다. 여러 가지 고민을 하다가 교토역 부근을 조금이라도 돌아다니고 숙소에 가기로 결정을 내린 후 코인 라커에 짐을 맡겨두기로 했다. 난 처음에 코인 라커가 비싸서 마음에 들지 않았다. 여기서 겨우 1시간을 있을 텐데 한 칸에 700엔을 쓰기가 아까웠다. 하지만 금방 기분이 사르르 녹아내렸다. 무거운 가방을 메고 있었던 어깨에 바람이 통하니깐 너무 시원했고 온몸을 쑤시게 만든 무거운 캐리어로부터 해방이 되니까 몸이 날아다닐 듯이 가벼웠다. 돈 좀 쓰더라도 코인 라커는 꼭 써야 한다. 꼭! 이 별거 아닐 것 같은 아이가 여행의 분위기를 완전히 바꿔 놓았다.

디저트

"이제 뭘 할까?"

내가 물었다. 우리는 최선의 이득을 찾아야 했다. 1시간밖에 남지 않은 시간을 어떻게 해야 제대로 활용할 수 있을까? 난 만들어 놓은 지도를 다시 살펴봤다. 어디를 가든지 관광지가 1km씩 멀리 있었다. 고민을 한 우리는 디저트를 먹어 보기로 했다. 교토에서 유명하다는 녹차 디저트 말이다. 우리는 멀리 갈 수가 없어서 교토역 안에 있는 가게를 가기로 하고 한 블로그에서 소개한 디저트 집을 찾아가기 시작했다. 가게를 가는 길은 미로처럼 복잡하고 힘들었다. 한참을 헤매어 오후 5시 10분에서야 우리가 찾던 '마르블랑쉐'라는 디저트 집을 찾을 수 있었다. 아마 40분 정도는 헤매는 데에만 쓴 것 같다. 근데 작은 아이스크림 하나에 500엔을 넘게 파는 것이다. 우리 둘은 비싼 가격이 부담스러웠다.

"어쩌지?"

"한 번만 다시 알아보자."

"그래."

그렇게 아까운 시간만 교토역에서 한 발자국도 나가지 못하고 버려지고 있었다. 그러다가 지도에서 우연히 찾은 근처 아이스크림 가게. 우리는 고

민할 새도 없이 당장 그곳으로 향하기 시작했다. 오후 5시 40분이 되어서야 kudamono cafe (the juice shop)이라는 곳을 찾아갔다. 슬프게도 녹차 아이스크림 집은 아니었지만 시원한 음식을 먹을 수만 있다면 좋았다. 걔는 300엔의 복숭아 아이스크림을, 나는 390엔의 수박 주스를 사 먹었다. 그런데 수박 주스는 수박 맛이 거의 안 나고 물만 잔뜩 탄 느낌에 밍밍했다. 반면에 아이스크림은 너무 맛있어서 걔가 한 번 더 사 먹으려고까지 했다. 같은 집에서 파는 것인데도 이렇게 다를 수가 있다니. 이런 식으로 한 번이 선택이라는 것이 끼치는 영

향이 컸기 때문에 난 여행을 다니면서 매 선택의 순간 머리가 어지러웠다.

만 19세

우리가 갔던 디저트 가게는 대형 상가 안에 있었는데 바로 옆으로 걸어가면 대형 마트가 있었다. 우리는 거기서 한참 쇼핑을 했다. 온갖 불량식품, 과자, 술, 라면. 먹고 싶은 것들 천지였다. 내가 가장 심혈을 기울인 건 가족들에게 줄 과자와 내가 마실 술이었는데 나는 과일 맛이 나는 맥주를 사고 싶었다. 일본에서 유명하기 때문이다. 대형 마트라서 그런지 한 캔에 105엔밖에 하지 않았다. 굉장한 기회라는 생각이 들어서 인터넷에 검색해 보며 열심히 고르고 계산을 하러 갔다. 직원은 내게 여권을 보여 달라고 했다.

'세금 때문에 그러나?'

나는 당당히 여권을 보여줬다.

"No!"

그런데 직원이 당황한 얼굴로 내게 말하는 것이다. 영문도 모르는 나는 왜 그러냐고 물었고 직원은 영어를 할 줄 모르는지 계속해서 다른 직원을 찾았다. 옆에 있던 다른 직원이 오고 그 역시 내 여권을 보더니 당황스러운 표정을 지으며 NO라는 말을 반복해서 했다. 난 왜 그러냐고, 나 21살이라고 말을 했지만 뭐라고 설명을 못 해주고 당황스러워하는 것이다. 그래서 또, 다른 직원이 다가와서 내 여권을 살펴보았다.

"How old are you?"

"21."

세 명의 직원은 고개를 갸우뚱거리더니 자기들끼리 일본어로 대화를 하기 시작했다. 그리고 내게 뭐라고 설명을 하기 시작하는데 잘 알아듣기 힘들었지만 대충 짐작이 갔다. 일본에서 계산하는 나이와 우리나라에서 계산하는 나이가 다르다고 설명하는 것이다. 나는 알았다고 하며 술을 돌려주었다.

'어떻게 고른 술인데……'

아쉽지만 할 수 없었다. 한편으로는 아직 이 나라에서는 10대라는 생각을 하니 기분은 좋았다. 그렇게 우리는 6시 25분에 쇼핑을 끝냈다.

대망의 영화관

아마 나를 제일 행복하게 해준 곳이 아닐까 싶다. 정확히 고등학교 2학년 때부터 영화에 대한 집착이 시작된 나는 영화 포스터에 대한 집착도 같이 커졌다. 내가 따로 버킷리스트를 적어두지는 않지만 만약에 그런 걸 적게 된다면 탑 5안에 이 문구를 집어넣을 것이다. '세계 각종 영화 포스터 모으기!' 난 전 세계의 영화 포스터를 가지고 싶은 꿈이 있다. 같은 영화를 가지고도 제목을 조금씩 변형하는 경우도 있고 포스터 사진도 조금씩 다르기 때문이다. 무엇보다 나라별로 개봉하는 자기 나라의 영화 포스터를 가지고 싶었다. 그래서 19살 때는 몇몇 개의 마음에 드는 옛날 영화 포스터를 골라서 사진을 뽑아주는 곳에 돈을 내고 사진을 받아온 적도 있었다. 원래 벽을 꾸며 두려고 뽑았던 것인데 아까워서 건들지도 못하고 귀중하게 보관 중이다. 하여튼 대형 상가 안에 영화관이 있다는 표지판을 발견한 우리는 인포메이션 센터로 가서 위치를 물었다. 영화관을 가는 길이 그렇게 설렐 수가 없었다. 생각보다 영화 포스터가 많이 있어서 우리는 영화 포스터를 잔뜩 챙기고 세상을 다 가진 듯한 행복한 기분으로 영화관을 나왔다.

위기의 외국인들

다음은 여행을 다니면서 제일로, 극한 위기감과 신체적 고통을 느꼈던 순간에 대한 이야기이다.

모든 일정을 마친 우리는 재빨리 교토역으로 돌아갔다. 느낌이 안 좋았다. 우리 둘 다 쇼핑에 빠져서 시간 개념을 잊고 있었던 것이다. 숙소를 예약할 때 후기가 너무 좋았기 때문에 우린 가장 비싼 저녁을 주문했었다. 그 저녁은 오후 7시 30분까지는 주문을 해야 하고 9시까지만 식당 이용이 가능했기 때문에 우리는 그 전까지 숙소에 가서 주문해야만 했다. 하지만 7시 반은 무슨, 그 때 도착하는 건 턱도 없었다. 우리는 그 비싼 저녁이 물거품이 될지도 모른다는 생각이 들었다.

"우선은 빨리 지하철 타고 전화를 해 보자."

나는 걔를 달래며 말했다. 전화해서 사정 이야기를 하면 이해를 해줄 것 같았다. 하지만 걔는 내게 더 불행한 소식을 전했다.

"그 숙소에서 저녁을 주문하는 게 7시 반이지, 체크인은 7시까지 하라고 했었다."

지금은 이미 7시를 넘는 시각이었다. 숙소를 예약하는 담당이 아니었던 나는 저녁을 주문하는 시간이 7시 반까지라는 것만 알았지 체크인을 7시까지는 해야 한다는 사실을 모르고 있었다. 너무 당황해서 심장이 빨리 뛰기 시작했다. 거기에 걔가 이 모든 것이 내 탓이라는 것처럼 화를 내자 안 그래도 심란했던 기분이 더 나빠지기 시작했다. 불안한 마음에 예민해져서 그랬다는 것은 알지만 상대방도 그만큼 예민한 상태고, 같이 참고 있다는 사실을 좀 알아줬으면 했다. 교토역 지하 1층으로 내려간 우리는 코인 라커 안에 있는 짐을 재빨리 찾고 다시 1층으로 올라와서 티켓을 끊은 후 숙소가 있는 오고토 온센역으로 가는 지하철에 올라탔다. 중간에 야마시나 역에서 한 번 환승을 해야 했다. 나는 지하철을 어떻게 갈아타야 하는지 알아보느라 정신이 없어서 걔에게 숙소에 전화해달라고 부탁했다. 오후 7시 26분. 우리는 야마시나역에 도착을 하고, 나는 돌아다니며 역무원에게 지하철 타는 법을 물어보느라 정신이 없었는데, 설상가상으로 걔는 숙소 쪽에서 전화를 받지 않는다고 내게 말했다. 나는 숙소에서 전화를 받을 때까지 계속해달라고 부탁하고 다시 핸드폰으로 숙소 가는 법을 알아보고 주위에 있는 일본인들에게 물어보며 환승하는 길을 찾았다.

오후 7시 33분. 야마시나역에서 오쓰쿄행 열차로 환승을 했다. 나는 모르겠다 싶으면 무조건 역무원에게 물어보고 길을 찾아 다녔는데, 그 방법 덕분에 막힘없이 지하철은 잘 탔던 것 같다. 역무원이 알려준 넘버로 계단을 내려간 후 앞에 서 있는 일본인에게 이쪽으로 가는 것이 맞느냐고 한 번 더 물어봤다. 급한 상황인 만큼 완벽하게, 오차 없이 지하철을 타야 해서 부끄러운 것 꾹 참고 수많은 사람에게 수많은 질문을 했었다.

이제 우리가 가야 하는 역인 오고토 온센역까지 더 이상의 환승 없이 쭉 가면 되었다. 한 가지 문제가 풀렸으니 이제 숙소에 전화하는 문제로 집중을 돌렸다. 숙소에서 전화를 받지 않으면 어딘지도 모르는 낯선 땅의 길바닥에 나앉을지도 모르는 신세에 놓인 것이다.

"계속 전화는 안 받고 영어로 음성 메시지만 나온다."

걔가 말했다. 걔는 영어를 잘 할 줄 몰라서 음성 메시지가 뭐라고 하는지 알아듣지 못했기 때문에 내가 전화를 넘겨받았다. 직접 전화를 해 보니 안내 음성은 상대방이 전화를 받지 않는다고 말하는 것이 아니라 우리가 잘못된 번호로 전화를 걸었다고 말하고 있었다.

"우리가 번호를 틀렸다는데?"

"어? 그럴 리가 없는데?"

걔는 당황해하며 대답했다. 번호가 틀렸다니. 불길한 예감이 들었다. 나는 내 핸드폰으로 계속 지도를 보느라 핸드폰 배터리가 거의 없었기 때문에 걔에게 한국 블로그 이곳저곳을 알아봐서 숙소 전화번호를 찾아 달라고 부탁했다. 그런데 모두 우리가 알던 번호와 동일한 것이다. 이상한 일이었다.

난 우리가 전화를 건 방법에 문제가 있을지도 모른다고 생각을 하고 걔에게 일본에 전화하는 방법을 인터넷에 검색해달라고 부탁했다. 한시가 급한 상황에서 전화가 안 되니 아무것도 할 수 있는 게 없었다. 머리가 복잡해졌다. 걔는 열심히 찾기 시작했다. 그리고 알게 된 사실은, 걔가 +를 누르지 않고 전화를 걸었다는 것이다. 0번을 먼저 누르고 숙소 번호를 누르니 전화는 바로 걸어졌다. 다행이었다. 걔는 내게 급하게 핸드폰을 넘겼다.

"모시모시(もしもし)."

상대방 쪽에서 목소리가 나오자 안심이 되었다.

"We reservation……. Name is……. 네 이름으로 예약했지? Name is –."

내가 영어와 한국어를 섞어 쓰며 급박한 목소리로 전화를 하니 주위에 있던 일본인들이 힐끔힐끔 쳐다보는 시선이 느껴졌다. 시끄러운가 싶어 목소리를 좀 낮춰서 다시 말했다.

"We think we are……. We were……. We are late. So……."

그리고 갑자기 영어들이 다 헷갈리기 시작했다. 혀가 꼬이고 발음이 새고 버벅댔다. 지난 시간 동안 영어 공부를 안 하고 살았던 내가 원망스러웠다.

"Oh, sorry. You can't take a bus. You should take a taxi."

젊은 남자 직원의 목소리는 투박한 영어 발음으로 송영 버스가 끝났다는 말을 전했다. 우리가 송영 버스를 부르기 위해 전화를 건 줄 알았나 보다. 어쨌든 다행인 건 체크인은 할 수 있다는 사실이었다. 송영 버스는 포기한 지 오래여서 아쉽지도 않았다. 나는 우리가 저녁을 먹을 수 있는지를 물어봐야 했다.

"No! We worried about dinner. 어……. Can we eat dinner even though we late?"

이 질문을 하는 데에도 되게 오래 걸렸다. 영어가 생각이 나지 않아서가 아니라 직원이 자꾸만 내 말을 자르고 버스를 탈 수 없다는 말을 하는 것이다. 때

64

문에 계속해서 새로 문장을 시작하고, 또 새로 문장을 시작하고를 반복했다. 가까스로 저녁에 대한 질문을 마치고, 직원은 우리의 이름을 다시 물어봤다. 다행히도 저녁은 먹을 수 있고, 미안하지만 송영 버스가 끝났으니 택시를 타고 오라는 말을 또! 반복해서 했다.

"Ok. Thank you."

난 전화를 끊고 걔를 안심시키기 위해 차근차근 설명해 주기 시작했다.

"자, 우리가 지금 체크인도 가능하고, 저녁도 먹을 수 있고. 이제 그냥 지하철에서 내린 다음에 송영 버스는 못 타니까 알아서 도착만 하면 돼. 그러니까 이제 불안해 할 것 없고, 그냥 최대한 그분들한테 미안하지 않게 일찍 도착만 하면 될 것 같아. 마음 편하게 먹어!"

그렇게 땀범벅에다가 바리바리 짐을 들고 헥헥 대는 우리는 평온한 일본인들 사이에서 주목을 받으며 오후 7시 47분 오고토 온센역에 도착할 수 있었다. 오고토 온센역은 알고 보니 정말 깡 시골이었다. 역도 아주 작고 온 도시가 고요하고 깜깜하며 택시도 잘 보이지 않았다. 그나마 버스가 조금 다니는 것 같았는데, 문제가 우리가 버스 타는 법을 그땐 몰랐다. 할 수 없이 오후 7시 50분 역을 나온 우리는 1.5km 정도 되는 숙소까지의 거리를 걸어가기로 했다. 사실 택시를 타자면 탈 수 있었지만, 돈이 조금 걱정되었고, 평소에 잘 걸어 다니는 우리 둘은 1.5km를 만만하게 보기도 했었다. 머지않아 우리는 그 선택을 저주하게 되었다. 그 정도로 숙소까지 가는 길은 어마어마하게 힘들었다.

오고토 온센역의 낭만
'별이 보인다.'

    제일 먼저 든 생각이었다. 서울에서도 별을 볼 수가 있었는데 일본에서는 유독 별이 보이지 않았다. 단 한 개도 안 보였다! 근데 여기에선 하나가 보이더니 두 개로 늘고, 3개로 늘고 나중에는 6~7개도 훌쩍 넘어서 하늘에 별이 꽤 보이는 것이다. 일본에 와서 처음으로 별을 보니 기분이 좋았다. 별을 보면 그냥 기분이 좋다. 몸은 힘들고 땀에 끈적였지만, 기분은 낭만적이었다. 온통 깜깜한 거리라 혼자 걸으면 위험하다는 생각도 들고 무서웠겠지만, 걔와 함께 걸으니 든든하고 그냥 예뻤다.

깜깜한 시골인 그곳은 어느 가정집도 불 켜진 곳이 없었다. 거우 저녁 8시밖에 되지 않았는데 말이다. 그래서 처음에 밤 12시라도 된 줄 알았다. 그곳은 시간을 헤집어 놓았다. 그 신비한 느낌이 묘했다. 미하엘 엔데의 모모라는 작품이 생각났다. 시간 도둑과 모모의 이야기 말이다. 모모만의 신비의 세상에 온 것 같았다. 우리나라에 비유하자면 강원도 아니면 충청도 같은 느낌이다. 강원도에 더 가깝지 않을까. 작년 여름 방학 때 가족들과 강원도로 여행을 간 적이 있었는데 벌레 때문에 너무 고생한 탓에 그것 말고는 기억나는 게 거의 없을 정도였지만 그 깜깜했던 순간만은 아직도 생생하다. 우리가 걸은 그 시간도 그때와 비슷했다. 너무 조용해서 벌레가 우는 소리만 들렸다.

"대륙횡단 하는 것 같다."

걔는 조용히 중얼거렸다.

"오, 대륙횡단."

난 전혀 생각하지 못하고 있었는데 좋은 비유인 것 같아서 감탄했다. 걔에게서 대륙횡단이라는 말이 나오자 또 다른 쪽으로 생각이 기울어지기 시작했다.

'대륙 횡단이 이런 걸까? 재밌겠는데? 근데 발은 엉망이 되기는 하겠다. 나도 자전거만 가지고 배낭여행 같은 걸 한 번 해볼까?

그렇게 혼자서 여러 가지 상상의 나래를 펼치며 묘하고 고요한 길을 걸었다.

양 갈래

숙소 가는 길은 조금 험했다. 그래도 다 참을 수 있었지만, 마지막에 올랐던 가파른 언덕은 우리를 정말 힘들게 했다. 순간 그냥 다 때려치우고 싶은, 얼이 빠진 기분이라는 것을 느낄 수 있었다. 미친 사람처럼 웃음이 나올 정도였다.

그렇게 짐을 끌고 낑낑 올라가다가 양 갈래 길이 나왔다.

"어디로 가야 하지?"

"몰라. 여기가 맞을 거야."

누가 말한 건지도 기억이 안 난다. 확실한 건 알지도 못하면서 그냥 말했고 따랐다. 아무 생각이 없었기 때문에 아무런 생각도 할 수가 없었다. 그냥 걷는 내내 뇌를 거치지 않고 아무 말이나 내뱉었던 것 같다. 그렇게 첩첩산중을 걷는 느낌으로 언덕을 다 오르니 예의 바른 자세로 한 여직원이 우리를 내려다보고 있었다. 모든 것을 포기한 사람처럼 터덜터덜 오르다가 그분을 발견하고 깜짝 놀란 우리는 자세를 고치고 빨리 달려갔다.

'설마 지금까지 우리를 기다리고 있었던 건가?'

그렇다면 너무 부담스럽고 미안한 상황이었다.

'근데 여기가 맞는 건가?'

생각보다 건물이 너무 호화스럽고 컸다.

'우리를 기다리고 있는 걸 보면 여기가 맞는 것 같은데. 근데 이렇게 좋은 건물이었다고?'

속으로 여러 생각이 지나갔다.

"고꼬와 코모레비 료칸데스까?"

내가 물었다. 코모레비 료칸은 숙소의 이름이다. 내가 일본어로 묻자 직원분이 상냥하게 미소를 지으시면서 코모레비 료칸은 옆에 있는 건물이라고 안내해주셨다. 이런! 우리는 인사를 하고 되돌아갔다. 아까의 양 갈래 길로 돌아가려면 또 한참을 내려갔다가 다시 올라가야 했다. 근데 정말 그러기가 싫은 것이다. 나는 잔머리를 굴리며 주위를 둘러보다가 호텔 옆에 넝쿨 사이로 난 작은 길을 발견했다. 사람이 지나가는 길이 아닌 것 같았지만 누가 풀을 밟기는 한 모양인지 그곳만 풀이 나 있지 않았다. 그래서 무작정 그곳으로 향했다.

"여기로 가는 거 아닌 것 같다."

뒤에서 걔가 말했지만 그땐 들리지도 않았다.

"어? 숙소다!"

그리고 우린 숙소에 바로 도착할 수 있었다. 너무 기뻤는데 둘 다 힘이 없어 좀비처럼 터덜터덜 걸었다.

공포의 매미

난 그동안 매미가 너무 불쌍했다. 어렸을 때 학교 과학 시간에 평생을 여름만 바라보며 살다가 딱 2~3달 정도밖에 되지 않는 여름 동안 실컷 울고 세상을 떠나는 매미에 대한 수업을 들을 때마다 너무 슬펐다. 하지만 그런 매미에게 일본에서는 공포심을 여러 번 느꼈다. 첫 번째 공포심이 들었던 때는 숙소에서 시끄러웠던 소리가 매미 소리였다는 것을 깨닫고는 충격을 받았을 때였다. 그렇다면 두 번째는 무엇이냐, 때는 숙소에 들어가기 직전이었다.

나는 이 기나긴 시간을 지나 마침내 숙소에 왔다는 것이 뿌듯해서 숙소 사진 한 장을 찍어놓고 싶었다. 내 핸드폰은 배터리가 다 되어 전원이 꺼져 있어서 걔에게 한 장만 찍어달라고 부탁을 했다. 걔는 기운 없이 나보고 찍으라고 아예 핸드폰을 건넸다. 사진을 찍고 숙소 안으로 들어가려는데 뒤에서 무언가 푸드덕하고 강렬한 소리가 난 것이다. 뒤돌아서 보니 매미가 땅바닥에 죽어 있었다. 깜짝 놀란 나는 나도 모르게 소리를 지르며 안으로 들어갔고 걔도 깜짝 놀라서 같이 뛰어들어갔다.

차근차근 생각해 보니 내가 사진을 찍는 동안 매미가 내 어깨 위에 앉아서 내 왼쪽 귀 옆으로 푸드덕거리다가 갑자기 혼자 죽어서 쓰러졌다. 그냥 매미가 나한테 붙었다는 사실 자체만으로 너무 무서웠다. 그래서 왠지 모르게 '일본의 매미'가 무섭다. 정말 매미 병이라는 게 있는 거 아니야? 하고 바보 같은 생각을 다시 한번 했었다.

고진감래

오후 8시 24분. 우리는 코모레비 료칸이라는 우리의 숙소에 도착했다. 내 친구들이 저번 겨울에 일본 여행을 갔다가 반해버린 곳이라고 강력히 추천해 주어서 간 곳이었다.

"Dinner and after then, Check-in."

우리는 체크인 전에 밥부터 먹으라는 직원의 안내에 따라 테이블로 향했다. 온종일 낑낑대며 짐을 들고 다니고, 그래서 몰골도 초라한 우리에게 짐도 대신 들어주고 친절을 베풀어 주는 직원들은 어색할 정도로 착했다. 우리는 신발을 신발장 안에 넣고 슬리퍼로 갈아 신은 뒤, 우리의 방 번호가 적혀 있는 테이블로 향했다. 화려한 음식들이 왠지 처량해 보였다. 주인 없이 초라하게 기다리

고 있던 밥들은 모두가 다 떠난 식당 안에서 외로이 빛나고 있었다. 말도 안 되게 호화스러운 식단이었다. 샤브샤브, 회, 소고기, 각종 소스, 국수, 생선, 영양밥(커다란 조개가 들어있다), 일본 차, 냉수를 제공해주었고 음료는 돈을 더 내면 종류별로 살 수 있다. 숙소를 예약할 때 우리는 제일 좋은 음식으로 골랐다. 그래서 총 모든 숙소 값까지 합해서 13만 원 정도를 냈다. 너무 비싼 것 아닌가 싶기도 했지만 18일에 한 사람당 2만 원 정도를 냈었던 너무나도 충격적이었던 숙소에 비해 이곳은 흠잡을 데 없이 완벽할 뿐만 아니라 우리에게 벅차기까지 했다.

힘이 쭉 빠진 나는 기운도 없이 직원에게 감사 인사를 하고 넋이 나가서 밥 먹을 생각도 가끔 까먹고 가만히 앉아 있었다. 배가 고픈 상태가 아니어서 이 많은 걸 어떻게 다 먹지? 싶었다. 9시까지가 저녁 먹는 시간이었기 때문에 30분 안에 그 많은 음식을 다 해치워야만 했다.

"진짜 9시 되면 싹 다 가져갈까?"

내가 조용히 물었다.

"그러지 않을까?"

그러자 걔가 대답했다.

"에이, 내 생각에는 저분들이 착해서 가라고는 못 하고 그냥 있으실 것 같아."

"그런가?"

"응. 근데 그러면 미안하니까 빨리 먹자."

걔는 고개를 끄덕였다. 그리고 우리는 다시 밥을 먹기 시작했다.

국수는 예상외로 차가웠다. 위에 생선 덩어리 하나가 올려져 있는데 그건 도저히 못 먹겠어서 옆으로 치워 놓고 국수만 조금 먹었다. 또, 치즈 같은 것이 고기와 함께 있었는데 알고 보니 버터였다. 걔가 치즈라고 해서 한입에 넣었다가 먹어보니 버터인 것이다! 깜짝 놀라서 뱉지도 못하고 울며 겨자 먹기로 먹어버렸다. 고기 구울 때 같이 넣었으면 맛있었을 텐데. 20분 뒤에 망고 푸딩 디저트가 나왔다. 입에서 살살 녹았다. 회는 다 맛있었는데 특히 흰색 회가 식감이 특이했다. 걔도 그렇다고 했다. 그걸 뭐라고 설명해야 할지 모르겠다. 내가 생선 이름이라도 잘 알고 있으면 좋았을 텐데.

"일본 음식은 느끼한데 삼삼하다."

걔는 이렇게 말했다. 내 느낌에 샤브샤브가 좀 삼삼하고 나머지들은 간이 적당했다. 샤브샤브는 국이 아예 맛이라는 것이 없는 것 같았다. 오후 9시 7분이 되어서야 우리는 식사를 마쳤다. 예상대로 그분들은 중간에 그만 먹으라고 우리를 보내지 않았다. 계속해서 든 생각인데 여기는 가족들이랑 오는 것이 정말 좋을 것 같다. 학생 둘이 먹기에는 좀 벅차고, 먹는 동안 우리 가족들 생각이 자꾸 났다. 걔도 그 얘기를 많이 했다.

친절한 직원

난 밥을 먹다 말고 옆 테이블에 앉은 대가족을 바라봤다. 한국 사람들인 것 같았다. 저분들이라도 있어서 다행이지, 우리밖에 없었다면 눈치 보여서 밥을 제대로 못 먹었을 것 같다. 그 사람들은 이미 온천을 다 즐기고 나와서 저녁을 먹는 것이었는지 다 유카타를 입고 있었다. 이 깊은 시골 안에 있는 곳을 어떻게들 알아서 오는 건지 신기했다. 난 대가족 중에 한 분이 미소 된장국이 들어 있는 보온 통에서 된장국을 덜어가는 모습을 가만히 바라봤다.

'아, 저기서 미소 된장국을 가져오면 되는구나.'

조금 있다가 가져가야겠다고 속으로 생각했다. 몸이 움직여지지 않아서 멍

하니 생각만 했다. 그랬더니 내 모습을 본 직원분이 친절하게도 미소 된장국을 직접 가져다주셨다. 너무 착하셨다. 미소 된장국 안에는 유부와 미역이 들어 있었다. 직원은 서툰 영어로 우리에게 택시를 타지 않았냐고 물었다. 우리가 많이 초췌해 보였나 보다. 나는 걸어왔다고 대답했다.

"Oh, Sorry."

직원분은 미안해하며 대답했다.

"No, no, no!"

우리 둘은 짜기라도 한 것처럼 동시에 손사래를 치며 아니라고 했다. 나는 우리가 늦은 게 잘못이라고 말했다. 일본어를 할 줄 아냐고도 물어보셨다. 모른다고 대답했다. 하지만 그래도 우리는 꽤 대화를 했다. 나는 왜 우리가 걸어왔는지에 대해 설명했다. 늦었는데 버스 타는 방법은 모르고, 택시는 비싸서 걸어왔다고 말했다. 직원은 자꾸만 미안하다고 하셨다. 그리고 맛있게 먹으라고 말씀하시고는 가셨다. 대화는 짧게 끝났지만 따뜻한 시간이었다.

교토

지하철을 타고 밖의 풍경을 쉬지 않고 바라봤다. 교토에 가까워지면 가까워질수록 화려한 건물들이 사라지고 일본풍 주택이 많이 보이기 시작했다. 교토는 전통이 많이 보존되어 있는 듯했다. 풍경이 예뻐서 쉴 새 없이 핸드폰으로 바깥 풍경 동영상을 찍었다. 그런 일본풍 주택에 직접 들어가서 살아보고 싶었다.

신기한 지하철

기차 모양과 지하철 모양의 열차에 관해서 쓰겠다. 나중에서야 안 사실인데 일본의 지하철은 우리나라 같은 보통의 지하철 형태와 기차 같은 좌석의 형태, 이렇게 2가지 형태가 있다. 다음 열차가 몇 시에 도착하는지를 안내하는 전광판이 있는데, 거기에 빨간 글씨로 '라피트'라고 적혀 있는 경우가 있고, 노란 글씨로 '로컬'이라고 적혀 있는 경우가 있다. 라피트는 기차 모양을 뜻하고 로컬은 지하철 모양을 뜻한다. 기차 같은 지하철은 안에 커튼까지 있어서 햇빛도 차단할 수 있다. 좌석 번호도 적혀있다. 빈자리가 나면 앉는 방식은 둘 다 똑같

다.

만화책 소년

교토로 가는 지하철 안에서 교복 입은 학생들을 여러 명 봤는데, 눈에 띄는 한 남학생이 있었다. 안락한 곳에 자리를 잡고 앉자마자 만화책을 펴서 읽는데, 그 자리에서 2권이나 해치웠다. 그것보다 놀라운 것은 그 소년이 너무 순정만화 주인공처럼 생긴 것이다. 순정만화 주인공이 순정만화를 보는 광경을 보는 것 같은 이상한 느낌이 들었다.

딱 봐도 날라리 같은 학생도 봤다.

"양아치 봤다. 양아치!"

걔가 갑자기 신기해하며 내게 말했다.

"어디, 어디?"

"이제 나갔다."

아쉬워하던 나는 지하철이 출발하고 움직인 덕분에 그 아이가 걸어가는 모습을 구경할 수가 있었다. 신기하게도 일본 드라마에서 보던 느낌이랑 되게 비슷했다. 귀에 피어싱을 몇 개씩 하고 있고, 교복 안에는 빨간 반소매를 입고선 교복 셔츠는 다 풀어헤치고, 가방도 운동선수가 쓸 것 같은 묵직하고 큰 것을 옆으로 메고 있었다. 애니메이션을 보는 느낌이었다.

호텔

ι 체크인

오후 9시 10분. 밥을 다 먹고 그때서야 체크인을 했다. 직원은 온천의 위치, 사용 방법, 시간 등을 설명해 주며 다음 날 셔틀버스를 탈 시간을 그때 정하라고 했다. 그 외에 안에서 이용할 수 있는 가라오케, 안마기, 탁구대 등에 대하여 설명을 해 준다. 난 탁구에 대한 애정이 엄청나다. 하지만 너무 피곤해서 온천을 끝내고 탁구를 치려던 내 계획은 물거품이 되어 사라지고 말았다.

방 안에는 큰 텔레비전과 전화기, 옷장 안에 금고 같은 것도 있고, 에어컨, 일본 차 세트와 차 재료, 밖에 창문이 보이는 차 마시는 테이블, 일본인용 설명서와 외국인용 설명서 등이 있다. 복도에는 음료 자판기도 있어서 목마를 때 걱정이 없다.

2. 온천

오후 9시 47분. 우리는 온천을 향했다. 숙소 바로 앞에 있는 다른 호텔의 건물이 있는데 우리 숙소와 협업 계약 같은 걸 한 모양이다. 우리는 그곳에서 2층, 5층, 8층을 다녀왔다. 건물 안으로 들어가면 우리 위치는 6층이다. 우리 숙소가 언덕 위에 위치해 있기 때문에 그 건물의 6층과 같은 층이어서 그렇다.

가장 먼저 간 곳은 8층. 특이한 것이 8층은 안에서도 층이 나누어져 있다. 들어가면 야경이 보이는 작은 탕이 있는데 창문에 습기가 차서 밖이 잘 보이지 않았다. 거기서 작은 계단을 올라가면 작은 탕이 하나 더 있는데 야외에 있기 때문에 시원하게 온천을 즐길 수가 있다. 그리고 구석진 밑으로 내려가면 몸 씻는 곳이 있었다.

그다음에 간 곳은 2층. 온천이라기보다는 그냥 공중 목욕탕이었다. 작은 미지근한 냉탕, 큰 동그라미 뜨거운 탕, 가장 넓은 보글보글 탕이 있다. 난 보글보글 탕이 가장 좋았다. 마사지를 받는 기분이 들었다.

5층과 11층은 하루는 여자, 다음 날은 남자, 이렇게 번갈아 가며 이용하는 곳인데 그날은 5층이 여자만 쓸 수 있는 곳이었다. 자연 친화적인 탕이었는데 풀들과 함께하는 야외 온천이었다. 이곳이야말로 겨울에 와야 하는 건데, 싶었다. 더위를 많이 타는 나는 오래 앉아 있기가 힘들었다. 밖에 나와 있던 탓에 모기까지 물렸다.

각 층의 온천마다 매우 많은 것들이 비치되어 있다. 스킨, 로션, 헤어 에센스, BB, 바디 로션, 클렌징 폼, 필링 젤, 헤어 트리트먼트, 바디 샴푸, 머리 샴푸, 작은 수건, 큰 수건, 바가지, 의자, 굳은살 제거기, 쉐이빙 크림, 빗, 시계. 모든 문은 자동문으로 되어 있다. 문이 전통식 디자인인데 그게 자동문이라는 게 너무 신기했다. 안에는 정수기가 있고 물컵이 많다. 온천에서 나와서 냉수를 마시면 정말 기분이 좋아진다.

나는 온천 들어갈 때 손가락이 정말 따갑게 아팠다. 손가락이 어떻게 된 건가 걱정될 정도였다. 나중에 생각해 보니 짐을 든 것 때문에 손에 알게 모르게 상처가 난 것 같다는 생각이 들었다. 그뿐만 아니라 오른손으로는 지도를 보느라 왼손으로만 캐리어와 내가 산 옷들, 대형 마트에서 산 여러 선물을 든 탓에 왼팔만 너무 아팠다.

우리는 여러 가지 수다를 떨며 피곤함을 녹이고 오후 11시 48분 다시 숙소로 돌아왔다.

셋째 날
—

형만 한 아우 없다

형만 한 아우 없다. 이 표현이 여기에 맞는 건지 모르겠는데, 가장 생각나는 말이었다. 그 이야기를 써 보겠다.

오전 7시 35분에 일어났다가 나도 모르게 다시 잤다. 그 전에도 몇 번 깼었지만, 알람이 울린 8시에서야 확실히 일어날 수 있었다. 에어컨을 틀고 자서 코가 너무 아팠다. 어제 분명히 설명을 들었는데 아무리 눌러 봐도 꺼지는 건지 아닌 건지 알 수 없어서 헤맸다. 밖에서 매미 소리가 살짝 들린다.

졸려서 머리가 아프고 종아리가 땡땡한 느낌이 들고 팔이 후들거리고 골반과 허리가 당기고 등이 뻐근하다. 송영 버스를 어제 10시에서 11시로 미뤘는데 아주 많이 잘한 일인 것 같다. 준비를 빨리할 수가 없겠다. 모든 일정이 우리가 생각하는 것보다 늦게 시작되고 늦게 끝이 나서 자꾸만 미루게 된다.

이제 8시 15분인데 걔는 자고 있다. 아침을 괜히 시켰나 보다. 평소에는 아침을 먹지도 않았으면서 생각 없이 주문했다. 이렇게나 힘든데 아침은 무슨, 잠이나 더 자고 싶다. 8시 25분, 심심해서 TV를 켜니깐 걔가 일어났다. 걔는 일어나서 불부터 켰다. 그러니깐 눈이 부셔서 그런지 좀 비몽사몽 한 기분이 깨는 것 같다. 8시 38분 밥을 먹으러 갔다. 샐러드, 베이컨, 소시지, 채소, 미소 된장국이 나오고 애플 주스, 그레이프푸르트 주스, 물, 밥은 무한 제공이다.

메인 메뉴는 작은 생선을 구워 먹는 건데 레몬 맛이 무척 강하다. 레몬즙을 많이 뿌렸나 보다. 낫또는 그냥 먹으면 써서 소스를 넣으려고 했는데 일회용 소스를 뜯다가 다 흘려버렸다. 유부 위에 소스를 뿌린 음식도 있었는데 따뜻할 줄 알았더니 차가웠다. 달걀 요리는 달걀이 너무 부드러워서 입에서 살살 녹을 정도로 맛있지만, 이상한 색상의 양념에 퐁당 들어가 있어서 뭔가 거부감이 들었다.

전체적으로 오늘의 아침은 거의 비린 음식과 거부감 드는 이상한 물체의 음식들이 많았다. 결국엔 샐러드, 미소 된장국 그리고 아주 적은 베이컨과 소시지만 먹었다.

오전 9시 15분 아침을 다 먹고 올라와서 양치질했다. 이럴 거면 정말 아침을 안 먹는 쪽으로 예약을 할걸. 아침은 일본의 가정식으로 나온다고는 했지만, 어제와 너무 비교되었다. 그래서 형만 한 아우는 없다는 표현을 써 보았다.

미로

오전 9시 22분 온천을 향해 출발했다. 온천이 오전 10시에 마감이라 많이 촉박하기는 했지만, 오늘 여자만 이용할 수 있는 11층 루프탑 온천을 꼭 이용해

보고 싶었다. 늦은 시간이라서 그런지 우리 둘밖에 없었다. 루프탑은 굉장히 환상적이었다. 다만 햇볕이 너무 뜨거워서 바닥과 온천이 너무 뜨끈뜨끈했다. 너무! 결국, 난 다시 안으로 들어와서 에어컨 바람을 맞으며 바깥 구경만 했다.

온천 건물은 생각보다 굉장히 복잡했다. 우리 숙소에서 옆 건물로 가야 어제 갔던 2층, 5층, 8층이 나오고, 또 그 건물에서 연결 되어 있는 다른 건물로 이동 해야 11층 루프탑 온천을 쓸 수가 있었다. 우리는 왔던 길을 까먹고 헤매기 시작했다. 다 비슷하게 생겨서 틀리게 가고 있다는 것도 모르고 있었다.

엘리베이터를 타고 이동을 하려는데 여자 직원 둘이 엘리베이터에 같이 타섰다. 정통으로 마주친 것이다. 목욕을 마치고 머리를 말릴 시간이 없어서 물에 빠진 생쥐처럼 초라한 꼴이었는데 뭔가 민망했다. 그리고 우리는 알 수 없는 곳에서 내렸다.

"여기는 아닌 것 같다."

나는 고개를 저으며 다시 왔던 길로 돌아왔다.

'어디지? 도대체 여기는 어디지? 어디로 가야 하는 거지? 분명히 내가 지도까지 찍어뒀는데……. 모르겠어!'

그러다 또 다른 직원과 마주쳤다. 그분은 우리가 방황하는 걸 눈치챘는지 열쇠를 봐도 괜찮냐고 물으셨다. 하지만 일본어를 쓰셔서 내가 못 알아듣고 '코모레비 료칸'이라는 말을 꺼냈다. 그러자 "아!" 하시면서 우리를 엘리베이터까지 직접 데려다주시고 안내해 주었다. 매우 친절했다. 우리는 늦지 않고 숙소에 돌아올 수 있었다.

하사미마스까

11시가 셔틀버스가 마지막이라 이후로는 시간을 미룰 수도 없는 상황에 시간이 많이 지체되어서 우리는 허겁지겁 준비해야 하는 상황에 놓였다. 그 와중에 난 입을 옷이 마땅히 없어서 어제 G.U에서 산 원피스를 입으려고 했다. 근데 상표가 손으로는 도저히 떼지지 않았다. 준비하다 말고 번역기에 '가위 빌려주세요.'라는 문구를 친 다음에 1층으로 내려갔다.

"하사미마스까?"

난 번역기가 시킨 대로 물었다. 직원은 바로 가위를 주셨다. 가위를 주신 게 중요한 게 아니다. 난 너무 짜릿한 기분이 들었다. 내가 일본말을 하면 일본인

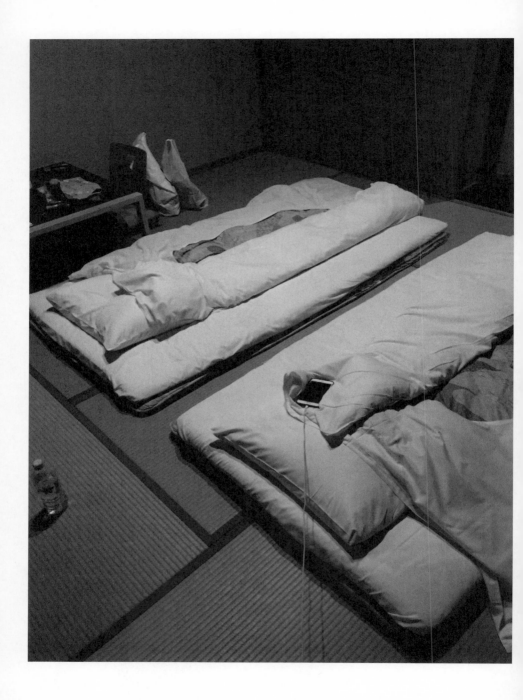

이 알아듣고 대답을 해 주는 것이다! 여행을 다니는 내내 언제나 그 나라 사람과 그 나라 말로 대화를 한다는 것은 짜릿했다.

오전 10시 48분, 우리는 숙소를 나와서 '유모토칸'이라는 버스가 오는 옆 건물 1층으로 이동한 후에 11시 6분, 버스를 타고 오고토 온센 역에 도착했다.

토론

인포메이션 센터에서 버스를 타는 법을 물어보고 오후 12시 19분, 버스를 탔다. 굉장히 사람이 많았다. 대인은 230엔, 소인은 120엔. 우리나라보다 비싸다. 매일 이 돈을 내고 대중교통을 이용하라고 하면 거지가 되겠다는 생각이 들었다.

"일본 버스는 거스름돈을 안 준다."

걔는 이런 얘기를 했다.

"어? 진짜?"

"응! 사람들이 그렇대."

난 그 말을 믿고 일본 여행을 다니는 내내 그게 사실인 줄 알았다. 그리고 왜 그렇게 불편하게 하는 건지 이해가 안 됐다.

걔는 이런 이론도 냈다.

"일본 버스가 거스름돈을 안 주니깐 진짜 좋은 것 같아."

"왜?"

"기사 아저씨들이 편하잖아."

"아니지! 그냥 버튼만 누르면 기계에서 알아서 거스름돈이 나오잖아. 거스름돈 안 나오면 승객이 불편하지."

"아니지. 승객이 불편할 게 뭐가 있어."

"거스름돈이 안 나오니깐, 딱 그 돈이 없으면 어떡해."

"딴 데서 동전으로 바꿔오면 되잖아."

"그러니까 불편하지."

"밖에 동전 바꾸는 기계 많잖아."

"동전 바꾸는 기계가 어디에 있어?"

이렇게 우리는 열정적으로 토론을 했지만, 결국엔 의미 없는 것이 되었다. 나중에 보니깐 일본 버스도 거스름돈을 주는 것이다.

'아니잖아?'

난 그동안 지폐는 있어도 딱 버스에 낼 동전이 없어서 걔에게 돈을 빌리고는 했는데 알고 보니깐 거스름돈을 다 받을 수 있던 것이었다. 돈을 자꾸 빌리니 돈 계산이 복잡한 것도 불편했지만, 또 다른 문제가 있었다.

"내가 다 계산을 해서 너한테 ○○엔을 주면 돼. 지금 줄게."

난 모든 우리의 지출 내역을 혼자서 정리하고 있었다. 총정리를 해서 계산한 값을 걔에게 알려 주었다. 그럼 돌아오는 대답은 이랬다.

"아까 내가 내준 버스비는? 그것도 계산했어? 내가 버스비 내준 거 있잖아. 그거 얼마였나? 버스비 내 준 거 있잖아. 그거 계산하고 있어?"

내가 분명히 '다' 계산했다고 말했는데도 내가 무슨 잘못이라도 저지른 사람인 것처럼 얼굴을 잔뜩 찡그리고는 묻는 것이다.

"어, 다 했어! 처음부터 끝까지 다 계산한 거야."

난 빚쟁이에게 시달리는 기분이었다.

하여튼 이런 식으로 우리는 별것 아닐 수 있는 사소한 여러 가지 토론을 벌였는데 만약 여행을 다시 가게 된다면 조금 더 부드럽게 이야기를 주고받을 수 있도록 노력해야 할 것 같다. 가랑비에도 옷은 젖으니 말이다.

관광객을 관광했다

버스에는 사람이 넘쳤다. 버스 기사는 전용 마이크가 있었는데, 나가는 손님에게 일일이 인사를 하셔서 '아리가또 고자이마스.'라는 말이 끝도 없이 울렸다. 일본의 버스의 특징 중의 하나는 버스 스톱 벨 버튼이 자리마다 있다는 것이다. 한 자리에 2개씩 있는 곳도 있고, 정말 스톱 버튼이 많다. 그래서 누르기가 아주 편하다.

버스 안에는 수많은 관광객이 있었다. 한국인보다는 중국인, 일본인, 백인이 훨씬 많았다. 그만큼 정신이 없었기 때문에 버스를 타는 동안 정신적으로도 육체적으로도 힘들었다.

미신 중독자

오후 12시 58분. 산넨자카를 내려갔다. 산넨자카는 짧은 계단인데 여기서 넘어지면 몇 년 못 살고 죽는다는 미신이 있다. 살짝 무섭긴 했지만 그런 시시한 미신은 됐고, 난 여기를 찾은 목적이 따로 있었다. 여행책에서 봤는데 교토에는 '부적'을 파는 곳이 많다고 했다. 노란 종이에 빨간 글씨로 알 수 없는 글자를 써놓은 것이 아니라 호리병 모양의 부적, 또는 귀여운 인형 모양의 부적, 이런 식으로 행운을 가져다주는 예쁜 부적 말이다. 책에서 그 글을 찾자마자 나는 바로 노트에 적기 시작했다. 사업운, 연애운, 직업운, 재물운 등등, 별 부적들이 다 있었다. 너무 갖고 싶었다. 하지만 검색 창에 아무리 검색을 해 봐도 아무런 정보가 나오지 않았다. 정확한 위치도 모르고, 그냥 아무것도 몰랐다. 그나마 정확한 건 산넨자카, 이곳에 호리병 부적이 있다는 사실. 사람들에게 물어보면 되겠지, 싶어서 무작정 이곳을 찾았다.

책에서 대강 설명한 위치로 가봤더니 놀랍게도 어떤 나이 많은 일본 할아버지가 서양인 관광객들에게 한 호리병을 건네는 모습이 보였다. 나는 그들을 기다렸다가 번역기로 검색을 해서 호리병이 어디 있냐고 물었다. 할아버지는 자기네 집이 아니라면서 지도를 펼치고 어떤 곳으로 가라고 가리키셨다. 이 곳이 아니라니, 그렇다면 할아버지가 건넨 호리병은 뭐였을까? 아직도 의문이다.

우리는 한참을 걷다가 길을 잃고 다시 길을 묻게 되었다. 30대 중반 정도 되어 보이는 여성분이었는데 그분은 내가 보여준 번역기를 전혀 이해하지 못한 모양이었다. 밖에서 일하다 말고 가게 안으로 들어가서서 다른 동료들에게 도움을 청하셨다. 너무 친절해서 죄송했다. 직원분은 다시 나와서 내가 가던 길 그대로 간 다음에 왼쪽으로 꺾으라고 하셨다. 어디서 꺾으라는 것인지는 모르겠지만 우선 알았다고 하고 다시 길을 걸었다. 양 갈래 길이 나오고, 나는 바로 앞에 보이는 가게로 들어가 우리 또래 정도 되어 보이는 한 직원분에게 질문했다. 하지만 모르겠다고 하셨다.

"못 찾겠는데?"

우리는 좌절을 했다.

"그럼 향수라도 물어볼까?"

사실 부적 다음으로 산넨자카에서 가고 싶었던 곳이 책에 나왔던 한 향수 가게였다. 하지만 직원분은 향수 가게도 잘 모르시는 거다. 가게 이름을 알려줬으나 그래도 모르는 눈치였다. 직원분은 자기가 아는 향수 가게가 하나가 있기는 한데 거기를 말하는 거 아니냐고 물었다.

"Maybe?"

아닌 것 같았지만 우선은 그런 것 같다고 대답을 했다. 우리는 직원분이 가리킨 방향으로 쭉 걸었다. 하지만 아무리 봐도 향수 가게 비슷한 것도 보이지 않았다.

"향수 가게 없는 것 같아."

"그러게……."

"그냥 가자."

더 이상 여기에 시간을 허비할 수 없겠다 싶었던 우리는 씁쓸하게 뒤돌아갔다. 내가 일본에 가서 제일 기대하던 것 중의 하나가 부적을 종류별로 잔뜩 사는 것과 예쁜 향수 가게를 구경하는 것이었는데 결국엔 하나도 얻어오지 못한 슬픈 이야기이다.

비누가게

그렇다면 산넨자카까지 가서 길만 헤매다가 돌아갔느냐? 그건 아니다. 부적을 찾기 전, 우리는 산넨자카 부근 곳곳을 돌아다니며 구경했다. 그곳에서는 다양한 상점들이 갖가지의 기념품을 팔고 아이스크림 등의 디저트를 팔고 있었다. 매우 무더웠기 때문에 우리는 각각 녹차 아이스크림을 하나씩 입에 물고 걷다가 오후 1시, 한 비누가게를 발견했다.

처음엔 그곳이 비누가게라고 상상도 하지 못 했다. 길을 걷다가 한 가게에 사람들이 매우 많이 모여서 동그랗고 색깔별로 다양하게 있는 어떤 물체를 신기하게 바라보고 있었는데 난 부적 같은 건 줄 알고 신나서 들어가 보았다.

그. 런. 데.

"이게 뭐야? 비누?"

난 헉, 하고 놀랐다. 태어나서 이렇게 먹음직스럽게 생긴 비누는 처음 봤다. 탱글탱글한 원형에 푸딩 같은 재질이기 때문에 힘을 세게 주면 그대로 부서질 것 같았다. 색깔별로 다양한데 향도 무척 좋았다. 거기다가 너무 귀엽게 생겼다. 직접 체험할 수 있도록 세면대가 5개 정도 있어서 거기에서 비누를 써 볼 수가 있는데 너무 신기해서 가게를 떠나기가 싫을 정도였다.

내가 돈만 많았으면 종류별로 그 가게를 다 털어버렸을지도 모른다. 가격이 좀 비싸서 그냥 나왔는데 지금 굉장히 후회 중이다. 나중에 교토를 다시 간다면 꼭 잊지 말고 사 올 계획이다.

지브리

비누가게를 나온 우리는 산넨자카와 비슷하게 생긴 또 다른 계단 앞에 다다랐다. 왠지 이 계단도 넘어지면 몇 년 못산다는 미신이 있을 것 같았다. 이곳이 궁금해진 나는 바로 왼쪽 가게에서 손님을 기다리고 있던 아저씨에게 이곳이 어디냐고 물었다.

"나넨자카."

"아리가또 고자이마스."

"뭐래?"

"나넨자카래."

우리는 나넨자카를 내려가서 또 정처 없이 걷기 시작했다. 그러다가 모든 음식을 키티 얼굴로 요리하는 음식점 앞의 전시된 모형 음식들을 보며 멈춰 섰다. 요리가 기발해서 우리는 열심히 사진을 찍었다. 그리고 음식점 안으로 들어가는 걔를 생각 없이 따라가는데, 음식점 바로 옆에 지브리 소품샵이 있는 것이다! 우리는 거기서 미친 듯이 쇼핑을 하기 시작했다. 전통적인 문화재가 많은 교토에 갔다가 지브리 샵에서 시간을 다 보내게 될 줄 누가 알았을까. 난 하나에 295엔 하는 피규어 5개 사고 나왔다. 마음에 무척 드는 게 많아서 뭘 골라야 하나 고민이 많았는데 그중에 '센과 치히로의 행방불명'은 특히 내가 어렸을 때 굉장히 감명 깊게 보고 재개봉만을 기다리고 있을 만큼 좋아하는 작품이라서 다섯 캐릭터를 골라서 계산을 했다. 주인공 하쿠는 인기가 제일 많은지 솔드아웃이라고 했다. 밖을 나오고, 나는 센과 치히로의 행방불명에서 내가 좋아하는 캐릭터인 거대한 아기를 사지 않았다는 생각이 떠올랐다.

"미안한데, 나 한 번만 금방 갔다 와도 돼?"

걔는 흔쾌히 그러라고 대답하고, 난 안에 들어갔다가 5개를 더 사 왔다. 총 10개, 2950엔. 이럴 거면 비누도 살 걸 그랬다.

취향

나는 사실 귀여운 소품에 관심이 많지는 않다. 근데 내 주위 사람들은 하나같이 모두 귀여운 소품들을 좋아한다. 요즘은 그래도 좀 철이 들었는지 내가 관심이 없더라도 내가 좋아하는 사람들이 좋아하는 것들을 보면 걸음을 멈추게 된다.

"어? 이거 네가 좋아하게 생겼다."

"우와 진짜!"

뭐가 그렇게 좋은지 보는 것만으로 그들은 행복해한다. 난 행복해하는 그 모습을 보는 게 좋다. 우리는 여러 가지 소품을 파는 가게에 들렀는데 거기서 우리 집에서 제일 귀여운 것들을 좋아하는 엄마께 드릴 선물을 하나 골랐다. 엄마는 아주 좋아하셨다.

Why?

산넨자카와 나넨자카를 다녀오고 알게 된 특이한 정보 하나를 적어 보자면, 일본인들은 모두 이 무더운 여름에 긴 팔 직업복을 입고 있었다는 사실이다. 회사원들은 교복같이 모두 똑같이 생긴 검은색 긴 팔 양복을 입고 있고, 수리공 같은 분들도 긴 팔 작업복을 입고 있으시다. 도대체 더워서 어떻게 다니시는 건지 모르겠다.

꽃식물

"일본인들은 꽃이랑 식물들 같은 거 진짜 좋아하나 보다."

"아, 그러게."

걔는 남들보다 관찰력이 높은 편이다. 나는 그냥 그런가 보다, 하고 지나쳤던 걸 걔는 다시 한번 머릿속에 새겨 넣기라도 하는 사람처럼 중얼거렸다. 일본은 가정집이든지 가게든지 꽃과 식물을 키우는 집이 많았다. 그것도 그냥 소소하게 키우는 것이 아니라 무슨 10개씩 쌓아두고 키운다. 그 덕분에 지나가는 사람은 눈이 정화되는 느낌이다. 되게 예쁘다. 일본 특유의 작은 건물들, 그리고 일본풍 주택들과 식물들이 궁합이 좋은 것 같다.

우산

일본을 가기 전에 내 모든 주위 사람들이 한 말이 있다.

"왜 일본을 여름에……"

나보고 녹아서 못 돌아오는 거 아니냐고 장난을 치기도 했다. 그래서 가기 전부터 덜덜 떨면서 일본을 가게 됐는데 정말 일본에서 녹을 것 같은 무더위를 경험했다. 만약에 여름에 일본을 가게 되는 사람이 있다면 꼭 우산을 챙기라는 말을 하고 싶다. 여행을 갈 때 비상용으로 접이식 우산을 하나씩은 챙기겠지만 그 우산을 숙소에 두고 나오지 말고 꼭 들고나오라고 하고 싶다. 우리 같은 뚜

벽이 여행가에게는 필수품이다. 거리를 보면 일본인들은 어른이고 아이고 할 것 없이, 교복 입은 어린 학생들도 우산을 쓰고 다녔다. 햇빛이 너무 강하기 때문이다. 햇빛 때문에 고기가 될 것 같았다.

버스는 거꾸로 달렸다

오후 2시 33분. 우리는 산넨자카로 들어왔을 때 올랐던 길을 다시 내려갔다.

"100번이나 206번 타면 돼."

걔가 핸드폰으로 알아보고 내게 말해줬다.

"알았어."

그때의 난 기분이 너무 여유로웠다. 버스 타는 법도, 지도 보는 방법도 완전히 파악하고 있었기 때문에 문제 될 것이 아무것도 없어 보였다. 그렇게 왔던 길 '그대로' 돌아가서 버스를 기다렸다. 많은 사람이 버스 정류장에서 버스를 기다리고 있었다.

"우리 한 번에 탈 수 있을까?"

"그러게. 모르겠다."

까딱하다가는 버스 2대 정도를 그냥 눈앞에서 보내야 할지도 모르겠다 싶을 만큼 사람이 많았다. 다행히 바로 교토행 버스를 타고, 우리는 여유로운 마음으로 자리에 앉았다. 기다리고, 기다리고, 또 기다리고. 이상할 만큼 하염없이 기다려도 교토역은 나오지 않았다.

'돌아가는 길은 더 오래 걸리는 길로 가나 보네?'

바보 같은 나는 그게 아니라 우리가 버스를 반대로 탄 것이라는 사실을 뒤늦게야 깨달았다. 왔던 길 '그대로' 돌아와서 버스를 탔기 때문에 원래는 반대 방향에서 타야 하는 버스를 안 타고 빙 돌아서 가는 버스를 탄 것이다.

"허어……."

나는 너무 어이가 없어서 뭐라고 말도 못했다. 걔에게 이 이야기를 해 줬더니 내 말을 잘 이해하지 못 했다.

"우리 아까 길 건넌 적 없는데?"

"아니야, 우리 아까 그 책방 예쁘다고 사진 찍고 아무 생각 없이 건넜잖아. 어떡해……."

"아니야. 우리 그런 적 없다!"

나는 계속해서 우리가 버스를 잘못 탔다고 말했지만, 걔는 기억이 안 난다고 했다. 난 답답해서 말도 안 통하고, 속상한 기분에 혼자 끙끙댔다.

"괜찮다, 바깥 풍경 구경하는 거지, 뭐."

걔는 여유로운 말투로 나를 달래주었다. 그래도 좋은 마인드인 것 같아서 난 수긍을 하고 마음을 편하게 먹기로 했다. 우리는 오후 3시 39분에 교토역에 도착할 수 있었다. 이곳이 마지막 정점이었다. 그렇게 우리는 10분이면 갈 곳을 1시간이나 돌아서 도착했다.

도박을 건 유니버설 재팬

이제부터 내게 거대한 혼란을 안겨준 참으로 웅장하고 기나긴 여정 이야기 하나를 시작해 보겠다.

오후 3시 52분. 우리는 코인 라커에서 짐을 빼고 오사카행 교통카드를 샀다. 산넨자카를 갔다 오고 남은 시간에 유니버설을 가려고 했는데 버스를 잘못 타는 바람에 생각보다 더 시간이 없었다. 유니버설 재팬 일정을 둘째 날로 옮기

려다가 실패하고 더 이상은 미룰 수 없다고 생각하여 셋째 날로 잡았었는데 교토에서도 시간을 많이 보내서 우리는 이대로 유니버설을 포기해야 하나 하는 생각까지 했었다.

"그냥 마지막 날에 갈까?"

내가 조심스럽게 물었다.

"흠……. 그냥 가자."

걔가 대답했다.

"그냥 가?"

"응. 늦은 시간에는 유니버설 사람들 싹 빠진대."

"확실한 거야?"

"응, 확실해. 블로그에 다 그렇게 나와 있어."

내가 의심을 하자 걔는 100% 확신을 한다며 근엄한 목소리로 대답했다.

"그래?"

어차피 마지막 날에도 오래 못 있을 텐데, 그렇다면 해가 진 저녁에 가는 것이 더위도 피하고 더 좋을 거 같다는 생각이 들었다.

"그래, 도박."

나는 오사카역에서 내려서 코인 라커에 짐을 맡기고 유니버설 행 지하철을 타자고 제안했다.

"왜? 유니버설에 맡기면 되잖아."

그러자 걔가 반대하며 말했다.

"중간에 오사카 역 있는데 뭐 하러 유니버설까지 가. 거기서 짐 맡기자."

"좀 그런데. 오사카 역에 코인 라커 없으면 어떡해."

"오사카 역이 얼마나 큰데 코인 라커가 없겠어?"

걔는 얼굴을 찡그리며 검색 창에 '오사카 역 코인 라커'를 검색하면서 "느낌이 안 좋다."라는 말을 계속 중얼거렸다. 자꾸 그러니까 나도 오사카 역에 코인 라커가 없을까 봐 걱정됐다. 하지만 오사카 역에는 코인 라커가 넘쳤다. 우리는 바로 코인 라커를 찾아 짐을 맡겼다. 그제야 어깨를 짓누르고 있던 가방과 각종 쇼핑백, 그리고 무엇보다도 제일 무거운 캐리어에게서 해방이 될 수 있었다. 살 것 같았다. 이번에는 전과 다르게 걔가 지하철을 알아보며 내게 설명을 해줬다. 고마운 일이었지만 이 일은 비극을 맞게 되었다.

도박을 건 유니버설 재팬 2

걔는 내게 이런 말을 했다.

"이번 지하철은 자동 환승이 되는 거야."

"뭐? 그런 게 어디 있어?"

나는 말도 안 된다고 했다.

"이거 봐. 여기 된다고 되어 있잖아."

걔는 구글맵을 켜놓은 자신의 핸드폰을 내게 내밀었다. 내가 볼 때는 파란색 지하철과 분홍색 지하철 사이에 환승을 해야 한다는 표시로밖에 보이지 않았다.

"아니야, 그런 게 어디 있어."

해리포터 세계도 아니고. 자동 환승을 해주는 지하철이 세상에 어디에 있나 싶었다.

"맞다니까?"

걔는 자꾸만 우겼다. 정말 단호했다. 계속 그렇게 나오니깐 난 헷갈리기 시작했다. 내 핸드폰에 배터리가 없어서 킬 수가 없었기 때문에 이번에는 걔를 따르기로 했다.

이번에는 지하철 안에 자리가 많아서 우리는 나란히 마주 보고 앉아서 편하게 바깥 풍경을 구경하며 갔다. 나는 자리에 앉아서 핸드폰에 보조 배터리를 연결하여 급하게 충전을 하기 시작했다.

"오, 돈 들어왔네?"

뒤늦게 핸드폰을 켜보니 여행을 떠나기 전에 취소했던 한 숙소 비용이 환불처리되어 그중 내 몫을 걔가 내게 보내준 것이 떠 있었다. (우리는 시라하마라는 지역을 여행하려고 했었는데 너무 멀어서 취소를 했다.)

"뭐?"

"시라하마."

"아, 응. 보낸 거 봤나."

"응. 생각보다 빨리 들어왔네. 고마워!"

걔가 열심히 알아봐서 받은 돈이었기 때문에 너무 고마운 일이었다. 걔는 그 자리에서 곧바로 내가 여행 가기 전에 빌려줬었던 50,000원도 계좌이체를 해줬다.

"아르바이트 월급이 이번에 들어와서 지금 내가 빌린 돈 다 보내는 중이다."

걔가 말했다.

"오!"

우리는 킥킥 웃었다. 그런 이야기를 하다가 우리의 관심은 구글맵으로 옮겨졌다. 구글맵을 보고 있던 걔는 지하철이 이동하니깐 우리의 위치도 계속 움직인다고 하면서 내게 핸드폰 화면을 보여줬다.

"진짜네?"

난 신기해서 뚫어져라 바라봤다. 동물 잡기 게임 같았다. 동물들이 이동하는 방향을 보여줘서 이쪽으로 가서 동물을 잡으라고 알려주는 게임 같은 거 말이다.

"이걸 왜 지금 알았지?"

"와, 진짜. 있는 줄도 몰랐다."

그렇게 '자동 환승'이라는 찜찜한 것에 대한 기억이 점점 잊히고 있었다. 다시 조용히 바깥 풍경을 보며 앉아 있다가 나는 불현듯 지하철에서 걸리는 시간이 너무 오래 걸리는 것이 아닌가 하는 생각이 들었다. 또, 바깥 풍경은 이상하게 풀과 나무만 가득했다. 속세와는 아주 거리가 멀어 보이는 자연의 모습이었다.

"뭔가 이상하지 않아?"

내가 물었다.

"뭐가?"

"바깥에. 너무 차분해. 지나간 거 아니야?"

"에이, 아직 멀었다. 이런 곳이 유니버설일 리가 없잖아."

걔는 이런 화려하지 않은 곳이 유니버설 근처일 리가 없다며 유니버설에 가까워지면 화려한 풍경이 나올 것이라고, 그러니까 한참 더 가야 하는 거라고 말했다.

"그런가?"

나는 걔 말을 믿고 다시 의자에 기대어 앉았다. 그리고 얼마나 시간이 더 지났을까, 아무리 생각해도 너무 오래 걸리는 것 같았다. 난 구글맵에서 내 위치를 지정한 다음 유니버설까지의 길 찾기를 눌렀다. 근데 자꾸만 구글맵은 이상한 위치를 '내 위치'로 잡았다.

'내 핸드폰이 이상해서 그런가?

난 불안한 마음에 다급하게 걔에게 핸드폰을 빌렸다.

"네 것 핸드폰 좀 줘봐."

나는 걔의 핸드폰으로 '내 위치'를 지정하고 유니버설까지의 거리를 계산했다. 이런. 내 핸드폰이 고장 난 것이 아니었다. 걔의 핸드폰 역시 우리의 위치를 전혀 딴 곳으로 지정하고 있었다. 그제야 나는 자동 환승에 대한 기억이 떠올랐다. 자리에 오면 그게 정말 확실한 것인지 다시 알아보려고 했는데 자꾸만 다른 소재가 나와서 까맣게 잊고 있던 것이다.

그사이에 지하철이 한 역에서 멈춰 서고, 난 재빨리 창문으로 고개를 돌려 이곳이 규호시 역이라는 정보를 얻고 구글맵에 규호시역에서 유니버설까지의 거리를 쳤다. 우리가 잘못 왔다는 사실이 확실해졌다.

"우리 잘못 온 것 같아……."

난 절망적인 얼굴을 하고 걔에게 이 소식을 전해 주었다. 걔는 당황스러운 얼굴로 나를 쳐다봤다.

"아노(저기)……."

나는 바로 옆에 서 있던 두 여학생에게 말을 걸었다.

"고레와, 유니버설와, 타다시데스까?"

타다시데스까는 일본에 와서 배운 문구인데, 맞습니까? 라는 뜻이다. 여행에 와서 물어보는 일이 많아서 외우게 되었다.

"유니버설?"

여학생은 내게 알 수 없는 일본어를 쏟아내면서 뭔가 부정적인 듯한 제스처를 보였다. 중간에 '치가이'라는 단어만 알아들었다.

"No?"

확실한 대답을 알아야 했기 때문에 난 영어로 물었다. 그러자 여자아이는 손으로 X자를 표시해서 내게 보여 주었다. 망했다.

도박을 건 유니버설 재팬 3

오후 5시 10분.

"너!"

난 당황스러운 웃음을 지으며 손가락으로 걔를 가리켰다. 얼굴은 웃고 있었지만, 마음은 울고 있었다. 난 정신을 차리고 차근차근 생각해 봤다. 걔도 나만큼 당황스러운 표정을 지었다. 마음이 복잡했다. 옆에 있던 두 여자아이는 덩달아 급박한 목소리로 이 열차는 나라 행이라고 얘기해줬다. 난 마음이 심란해서 미칠 것 같았지만 상냥하게 고맙다고 인사했다.

"미안하다. 난 그 자리에서 중간에 알아서 환승이 가능한 줄 알았다."

걔가 기어들어가는 목소리로 말했다.

"그래. 우선은 내려야겠다."

오후 5시 18분, 오지 역이라는 곳에서 우리는 급하게 내렸다. 무거운 캐리어를 오사카역에 넣어둔 게 새삼 다행이었다. 오지 역은 이름처럼 정말 오지 같은 곳이었다. 검색해 보면 도쿄의 오지라는 곳 밖에 안 나오고 이곳 오지에 대한 설명은 아무것도 나오지 않았다.

"이왕 이런 거 그냥 나라 갈까?"

걔가 물었다. 나라는 우리가 시라하마를 취소하게 되었을 때 그 대신 어디를 가야 하나 고민을 하던 중에 후보에 올랐던 곳 중 하나였다. 하지만 가지 않기로 했었기 때문에 난 그곳이 굉장히 자연 친화적인 곳이며 사슴 공원이 유명하다는 정보밖에 알고 있지 못했다. 난 걔에게 그나마 알고 있는 이런 정보를 설명해주었다. 결론은 나라에 그다지 할 만한 것이 많지 않다는 것이었다. 거기다가 오지 역에서 나라 역까지 가려면 지하철로 30분은 더 가야 했다.

"그럼 그냥 오지 역 근처를 돌아다녀야 하나?"

하지만 앞서 말했듯이 오지 역은 도쿄의 오지에게 묻혀서 아무런 정보가 나오지 않았다. 또 여기서 나가려면 돈을 더 들여야 한다는 단점이 있었다. 우리가 유니버설 행 지하철을 탔을 때는 180엔을 냈는데, 여기서 나가려면 550엔짜리 티켓을 사야 했다. 티켓을 산다고 해도 어떻게 사야 하는 지 모르는데 역이 너무 작아서 그런지 역무원도 없었다.

주위를 두리번거리며 다른 방법을 모색했다. 그리고 내 눈에 반대편에 있는, 우리가 온 방향의 딱 정반대로 가주는, 오사카행 방향 열차를 타는 곳이 보였다.

'오사카로 다시 돌아갈까?'

나는 그곳이 오사카 방향이 맞는지 제대로 확인하기 위해 재빨리 그곳으로 발걸음을 옮겼다. 확인하고 맞으면 다시 돌아와서 걔에게 그 열차를 타면 어떨까, 물어볼 생각이었다. 그렇게 걷고 있는데 갑자기 뒤에서 걔의 성난 목소리가 들렸다.

"야, 어디가? 야, 이지호! 어디 가느냐고!"

그렇게 기분 나쁜 목소리는 처음 들어봤다. 내가 뭘 잘못했다고 그렇게 화난 목소리로 부르는 건지 의문이었다. 나는 뒤를 돌아봤다. 걔가 성난 발걸음으로 나를 노려보며 따라오고 있었다.

"저기 봐. 우리가 있던 쪽이 나라 행이면 그 반대쪽은 오사카행 아닐까? 맞나 확인해 보려고……. 여기서 안 나가고 오사카로 그대로 돌아가면 550엔 티켓은 안 사도 되잖아."

나는 걔에게 설명해 줬다.

"아."

"근데 왜 그렇게 부르는 거야?"

난 걔가 화를 내는 게 기분이 나빠서 물었다.

"네가 혼자 막 가길래 어디 가냐고 그냥 물어봤지."

걔는 툴툴거리며 대답했다. 나도 같이 기분이 상했다. 오사카 역까지는 40분, 나라 역까지는 30분이 걸리는 어디를 가기에도 먼, 말 그대로 '오지'에 갇혀버린 이 상황에서 우리의 대화마저 줄기 시작했다.

도박을 건 유니버설 재팬 마지막 편

오후 5시 27분 우리는 오사카행 열차를 다시 탔다. 이렇게 시간이 늦는 바람에 9시에 문을 닫는 유니버설은 포기할 수밖에 없었다. 말이 9시지 보통 8시부터 놀이기구들이 문을 닫기 시작한다고 했다. 우리의 유니버설 티켓은 유효기간이 내년 2월 1일까지였는데, 기간이 꽤 남았으니 팔자는 얘기가 나왔다.

기분은 안 좋았지만 싸움은 여행을 망치는 길이었다. 남들 앞에서 상대방에게 화를 내는 것은 서로에게 망신을 주는 일이었기 때문에 그러고 싶지도 않았다. 최대한 앞으로의 상황을 혼란스럽지 않도록 더 좋은 방법을 생각해내야 했다. 난 혼자서 여러 가지로 머리를 굴려보기 시작했다.

"우리 조금 있다가 텐노지역 지나간다! 우리 텐노지 가 볼까?"

난 다시 밝은 목소리를 내며 물었다. 이왕 밑으로 내려간 김에 포기하고 있었던 텐노지 구역을 구경하는 것도 나쁘지 않을 것 같았다. 예전에 텐노지 구

104

역도 정보를 알아봤었기 때문에 잘 돌아다닐 자신이 있었다.

"덴노지에 볼 거 뭐 있는데?"

걔는 여전히 차가운 목소리로 물었다. 마치 나를 심판하는 듯한 심사위원 같은 말투였다.

"동물원도 있고, 전망대, 박물관 같은 데도 있고."

"뭐 별것 없지 않나? 날씨도 더운데 동물원도 그렇고."

"그래."

난 다시 머리를 굴려보기 시작했다. 그 사이 걔는 유니버설 중고 판매에 대해 알아보고 있었다. 그래도 고마운 점은 걔는 군말 없이 티켓 중고 판매를 도맡아서 해 줬다.

그렇게 조용히 가다가, 핸드폰을 만지던 걔는 갑자기 우리가 지하철을 잘못 탄 것 같다며 다급하게 말했다.

"지금 도쿄로 가고 있는 것 같다!"

"아니, 도쿄가 얼마나 먼데 도쿄로 갈 수가 있어?"

난 말도 안 된다고 했다.

"방송에서 나왔는데 오사카가 아닌 것 같다! 방송에서 다음 역이 스키시마 역이라고 했는데 그 역이 도쿄에 있는 역이야. 봐라. 바깥 풍경도 다 처음 보는 광경들이잖아."

걔가 말했다. 창문을 보니 정말 낯선 풍경들이기는 했다.

"그렇긴 한데……"

"내려야 해!"

걔가 다급하게 말했다. 그러자 나도 정신이 없어서 헷갈리기 시작했다. 재빨리 안락했던 자리에서 일어나 문 앞으로 섰다. 하지만 마침 그때 다시 나온 방송은 이곳이 후쿠시마(오사카) 역이라고 안내했다.

"크흠. 아니네."

걔는 민망한 듯 웃으며 말했다. 난 벙져서 걔를 바라봤다. 우리는 어색하게 서서 오사카 역을 기다렸다.

오후 6시 13분, 드디어 오사카 역에 도착했다. 우리는 역무원을 찾았다. 난 우리가 다른 역을 갔다가 돌아왔는데 어떻게 나갈 수 있느냐고 물었다. 그런데 역무원이 영어를 못 해서 말이 잘 통하지 않았다. 우리의 대화가 더뎌지자, 걔는 옆에서 참견하며 짜증을 냈다.

"뭐라는데? 너 이상하게 말하고 있는 거 아니야? 저 사람이 지금 다른 거 물어보는 거 아니야? 뭔데?"

안 그래도 지금 말이 안 통해서 짜증이 나는데 걔까지 그러니까 정신이 없었다. '그럼 네가 직접 얘기해!'라고 떠넘기고 싶었다. 한참의 시름 끝에 우리는 180엔을 더 내고 역을 나올 수가 있었다. 그렇게 2시간 정도의 시간이 허공으로 날아갔다.

판타지

나는 힘이 빠져서 역 안에 있는 의자에 털썩 주저앉았다. 어떻게 이렇게 되는 일이 없을까. 그때부터 머리가 멍하고 아무 생각이 들지 않았다. 나도 모르게 짜증이 막 나왔다. 그래도 이렇게 그냥 앉아 있을 수는 없으니 다시 돌아다닐 계획을 세워봐야 했다. 우리는 우리가 가고 싶어 하는 일정 중에 가장 밑에 있는 덴덴타운부터 시작해서 쭉 위로 올라온 다음 마지막으로 우메다역 부근에 있는 숙소로 가기로 계획했다. 유니버설은 깔끔하게 포기하고 말이다.

　덴덴타운으로 가려면 오사카 역에서 우메다 역으로 이동해야 했다. 그쪽 부근에는 역이 굉장히 복잡하고 커서 머리가 아프다. 나는 인포메이션 센터로 가서 우메다 역은 어디로 가야 하냐고 물었다. 그랬더니 직원은 우메다 역도 여러 종류가 있어서 어디로 가냐고 물었다. 나는 덴덴타운으로 갈 것이라고 그랬고 직원분은 B1으로 가라고 하셨다. 밖을 나가서 헤매던 우리는 직원이 말한 B1이 도대체 어디라는 건지 알 수가 없었다. 그래서 오사카 역 왼쪽에 있는 노란색 간판 음식점들을 지나다가 한 남자 직원에게 말을 걸었다.

　"아노……"

"하이!"

그분은 친절하게 다가와 줬다. 니시키도 료라는 일본의 가수 겸 배우를 닮으셨다. 나는 덴덴타운에 가는 우메다 역이 어디에 있는지 알려 달라고 말했다. 근데 남자분이 영어를 하시는 분이 아니라서 모든 대답을 일본어로 하셨기 때문에 알아들을 수가 없었다.

"덴덴타운?"

직원분은 고개를 갸우뚱하며 되물으셨다. 모르시는 것 같아서 고맙다고 인사를 하고 다른 분에게 물어보고 싶었지만, 그분은 아예 가게에서 벗어나 광장 쪽으로 나와서 주위를 두리번거리며 길을 찾아주기 시작했다.

"에또……."

그분은 자신의 핸드폰을 꺼내 인터넷에 덴덴타운을 검색하며 위치를 확인하기 시작했다. 난 시간이 점점 흘러가니깐 초조하기도 하고, 옆에서 차가운 눈빛을 하고 서 있는 개의 눈치가 보이고, 그분께서 일도 못 하고 나를 도와주니깐 미안하고 부담스러운 복합적인 감정에 마음이 점점 불편해지기 시작했다.

직원은 한참을 검색하다가 "아, 닛폰바시!"라고 중얼거리며 내게 설명해주기 시작했다. 일본어로 하셔서 알아들을 순 없었지만, 너무 고마웠다. 하지만 이렇게 계속 시간을 보내면 안 되겠다 싶어서 나는 무조건 알아들은 척 밝은 목소리로 "하이!"를 연발하기 시작했다. 어색한 내 표정이 찜찜했는지 계속해서 직원분은 더 알려주고 또 더 알려주셨다. 그분은 알겠냐고 되물으시고 고개를 끄덕이셨다. 그제야 나는 양손을 모으고 '도모 아리가또 고자이마스!'라는 말을 그분께 할 수 있었다. 이 일은 아직도 일본에서 가장 기억에 남는 순간 중에 손꼽힌다. 정말 따뜻한 분이었다.

"그분이 너무 친절하게 말씀하셔서 말을 못 끊었어. 미안하다."

그곳을 벗어나 우메다역으로 향하며 내가 말했다.

"그런 것 같아 보이더라."

그렇게 우리는 오사카 역에 도착한 후로 또 40분 정도를 길을 헤매는 데에만 보낸 후 지하철을 찾아 탈 수 있었다.

와이파이

오후 7시 7분, 우리는 난바 역에서 내렸다. 난바역에서 내려서 출구까지 가는 에스컬레이터는 너무 비좁았다. 그래서 줄도 길고 올라가는 내내 왜 이렇게 만들었을까 싶었다.

오늘의 일정 중에 '돈보리 리버 크루즈'라는 것을 타는 것이 중요했는데 그건 당일 날 선착순으로 표를 끊는 사람이 탈 수가 있어서 예약한 후 덴덴타운을 가는 것이 좋을 것 같았다. 또, 음식점이 많은 도톤보리에서 저녁을 먹고 가자는 것이 우리의 계획이었다. 하지만 우리는 또 다른 절망적인 상황을 맞았다. 대여한 와이파이 기계가 배터리가 1칸밖에 남지 않았었는데 와이파이 가방을 들고 다녔던 걔는 와이파이와 자신의 핸드폰 충전 잭이 같은 건 줄 알고 와이파이용 충전 잭을 코인 라커 안에 넣어버린 것이다. 걔는 아이폰을 썼는데 지금까지 와이파이 잭이 아이폰 잭과 다르다는 것을 모르고 있었다니. 난 너무 답답했다.

'와이파이 없이 어떻게 여행을 다니지?'

지도도 못 보고 번역기도 못 쓰니 큰일이었다. 우리는 절망에 빠졌다. 하지만 이렇게 우울해 한다고 뭐가 달라지는 것이 아니었기 때문에 나는 마음을 가라앉혔다.

"그냥 무작정 물어서, 물어서 다니면 되겠지 뭐! 내가 사람들한테 다 물어볼 테니까 걱정하지 마."

난 큰 목소리 떵떵 치며 안심을 시켰다. 혹시 모를 위급 상황에 쓰기 위해 마지막 1칸이 남은 와이파이는 당장 끄도록 했다. 와이파이를 못 쓰게 되었기 때문에 또 다른 구역을 가는 것은 불가능해 보여서 덴덴타운은 포기하고 그냥 도톤보리만 돌아다니기로 했다.

일본 모델

우리는 도톤보리를 가는 길에 '투투안나'를 발견하게 되었다. 투투안나는 개성 있는 양말들만 취급하는 양말 가게다. 양말도 양말이지만 가장 좋았던 것은 따로 있었다. 투투안나에서 광고를 위해 양말 옆에 그 양말을 착용한 모델 사진을 오려서 붙여 놨는데, 일본 모델을 굉장히 좋아하는 나는 반가우면서도 신기했다. 특히 내 관심은 엠마라는 모델에게 향했다. 그녀는 개인적으로 제일 좋아하는 일본 모델이다. 너무 반가워서 걔에게 자랑했다. 걔는 일본 모델을 잘 알지도 못하지만 말이다.

"여기 봐! 여기에도 붙어 있네? 내가 제일 좋아하는 모델이야!"

우리는 계산을 끝내고 다시 도톤보리로 향했다. 돈보리 리버 크루즈라는 걸 타기 위해서였다. 그건 걔가 가장 기대를 하고 있었던 것 중에 하나다. 사실 내가 보기에는 바로 코앞에서 다른 관광객들의 주목을 받으며 알아들을 수 없는 일본어 설명을 듣는 게 그렇게 재미있을 것 같지는 않았다. 하지만 걔가 너무 좋아해서 꼭 타려고 했다.

내가 좋아하는 곳을 상대방이 싫어할 수도 있고, 상대방이 좋아하는 곳을 내가 싫어할 수도 있으나, 서로 조금씩만 배려를 해준다면 좋은 여행이 될 수 있을 것 같다. 우리는 가끔 투닥거리기는 했지만 그래도 그 점만큼은 서로 잘 지켜줘서 좋았다.

도대체 우리는 무엇을 한 것인가

다음의 일정을 어떤 말로 표현해야 할지 모르겠다. 아무것도 안 한 건 아니지만 그렇다고 뾰족하게 무엇을 했다고 말하기가 어려운 이야기이다.

우리는 도톤보리를 찾았다. 하지만 돈보리 리버 크루즈가 어디에 있는 건지 모르겠는 거다. 길을 걷는 일본인 분들에게 물어봐도 왠지 모르실 것 같고 막막했다.

"어? 저거 크루즈다!"

우리는 우연히 한 크루즈를 발견할 수 있었다. 크루즈는 우리를 지나쳐 강을 쭉 돌고 있었다. 저걸 따라가면 되겠다 싶어서 졸졸 따라가 보려고 했지만, 사람도 많고 차를 피해 길도 건너야 해서 결국엔 놓쳐 버렸다. 우선 크루즈가 사라진 방향으로 걷기 시작했다. 그랬더니 화려했던 거리에서 조용한 강가가 나왔고 우리는 표지판 하나를 발견했다. 그곳에는 선착장 3개의 위치가 나와 있었는데 '돈보리 리버 크루즈'라는 이름과 관련 있는 이름의 선착장이 없었기 때문에 아무래도 하나를 찍어야 할 것 같았다. 제일 가깝고 그럴듯한 선착장을 고른 우리는 다시 무작정 걷기 시작하였고, 다리가 빠질 듯이 아팠다.

한 길가에 사람들이 이상하리만큼 많이 모여서 강 반대편을 바라보고 있었다. 그곳에는 어느 일본의 아이돌이 있었다. 무대가 끝나고 일본인들은 클래식 공연을 본 사람처럼 예의 있게 박수를 쳤다. 우리나라와 굉장히 다른 광경이었다. 우리나라 같은 경우 그런 공연을 보며 대화도 나누고 공연이 끝나면 환호성도 질러주고 하는데 말이다. 몇 명의 사람들은 색깔별로 응원봉도 가지고 있었다. 우리는 서서 구경을 할 수 있는 몸 상태가 아니었기 때문에 그곳을 지나쳐 다시 크루즈를 찾기 시작했다. 근데 우연히도 그곳 바로 앞에 돈보리 리버크루즈 선착장이 있었고 그 근처에 티켓을 파는 곳이 있었다. 오후 7시 59분. 하지만 모든 표가 매진되었고 우리는 한순간에 목표를 잃게 되었다.

우리는 바로 앞에 있던 '돈키호테'를 발견하고 무작정 들어갔다. 돈키호테는 일본에서 굉장히 유명한 디럭스 스토어인데, 지인들 선물을 사기에 좋을 것 같았다. 하지만 내가 코인 라커에 돈을 많이 두고 나왔기 때문에 우리는 내일 다시 오자고 얘기를 하고 그곳을 나왔다.

또 그 바로 옆에 이치란 2호점이 있었다. 거기가 1호점인지 2호점인지는 모르겠지만 도톤보리 식당 골목에서 또 다른 이치란을 본적이 있다. 하여튼 그곳은 말도 안 되게 줄이 길었다. 줄을 설 기운도 없고 이치란 라멘을 먹을 생각이 없었기 때문에 또 그곳을 그대로 지나쳐갔다.

결론적으로 우리는 아무것도 하지 않았다.

트렌드

길을 걷는 수많은 방황의 시간 동안 그나마 얻은 것이 있다면, 우리는 일본의 트렌드에 대해 생각을 해보는 시간을 가질 수가 있었다. 우리가 낸 의견은 이랬다.

"일본은 리본을 좋아한다."

다는 정보밖에 알고 있지 못했다. 난 걔에게 그나마 알고 있는 이런 정보를 설명해주었다. 결론은 나라에 그다지 할 만한 것이 많지 않다는 것이었다. 거기다가 오지 역에서 나라 역까지 가려면 지하철로 30분은 더 가야 했다.

"그럼 그냥 오지 역 근처를 돌아다녀야 하나?"

하지만 앞서 말했듯이 오지 역은 도쿄의 오지에게 묻혀서 아무런 정보가 나오지 않았다. 또 여기서 나가려면 돈을 더 들여야 한다는 단점이 있었다. 우리가 유니버설 행 지하철을 탔을 때는 180엔을 냈는데, 여기서 나가려면 550엔짜리 티켓을 사야 했다. 티켓을 산다고 해도 어떻게 사야 하는 지 모르는데 역이 너무 작아서 그런지 역무원도 없었다.

주위를 두리번거리며 다른 방법을 모색했다. 그리고 내 눈에 반대편에 있는, 우리가 온 방향의 딱 정반대로 가주는, 오사카행 방향 열차를 타는 곳이 보였다.

'오사카로 다시 돌아갈까?

나는 그곳이 오사카 방향이 맞는지 제대로 확인하기 위해 재빨리 그곳으로 발걸음을 옮겼다. 확인하고 맞으면 다시 돌아와서 걔에게 그 열차를 타면 어떨까, 물어볼 생각이었다. 그렇게 걷고 있는데 갑자기 뒤에서 개의 성난 목소리가 들렸다.

"야, 어디가? 야, 이지호! 어디 가느냐고!"

그렇게 기분 나쁜 목소리는 처음 들어봤다. 내가 뭘 잘못했다고 그렇게 화난 목소리로 부르는 건지 의문이었다. 나는 뒤를 돌아봤다. 걔가 성난 발걸음으로 나를 노려보며 따라오고 있었다.

"저기 봐. 우리가 있던 쪽이 나라 행이면 그 반대쪽은 오사카행 아닐까? 맞나 확인해 보려고……. 여기서 안 나가고 오사카로 그대로 돌아가면 550엔 티켓은 안 사도 되잖아."

나는 걔에게 설명해 줬다.

"아."

"근데 왜 그렇게 부르는 거야?"

난 걔가 화를 내는 게 기분이 나빠서 물었다.

"네가 혼자 막 가길래 어디 가냐고 그냥 물어봤지."

걔는 툴툴거리며 대답했다. 나도 같이 기분이 상했다. 오사카 역까지는 40분, 나라 역까지는 30분이 걸리는 어디를 가기에도 먼, 말 그대로 '오지'에 갇혀버린 이 상황에서 우리의 대화마저 줄기 시작했다.

도박을 건 유니버설 재팬 마지막 편

오후 5시 27분 우리는 오사카행 열차를 다시 탔다. 이렇게 시간이 늦는 바람에 9시에 문을 닫는 유니버설은 포기할 수밖에 없었다. 말이 9시지 보통 8시부터 놀이기구들이 문을 닫기 시작한다고 했다. 우리의 유니버설 티켓은 유효기간이 내년 2월 1일까지였는데, 기간이 꽤 남았으니 팔자는 얘기가 나왔다.

기분은 안 좋았지만 싸움은 여행을 망치는 길이었다. 남들 앞에서 상대방에게 화를 내는 것은 서로에게 망신을 주는 일이었기 때문에 그러고 싶지도 않았다. 최대한 앞으로의 상황을 혼란스럽지 않도록 더 좋은 방법을 생각해내야 했다. 난 혼자서 여러 가지로 머리를 굴려보기 시작했다.

"우리 조금 있다가 덴노지역 지나간다! 우리 덴노지 가 볼까?"

난 다시 밝은 목소리를 내며 물었다. 이왕 밑으로 내려간 김에 포기하고 있었던 덴노지 구역을 구경하는 것도 나쁘지 않을 것 같았다. 예전에 덴노지 구

'내 핸드폰이 이상해서 그런가?'

난 불안한 마음에 다급하게 걔에게 핸드폰을 빌렸다.

"네 것 핸드폰 좀 줘봐."

나는 걔의 핸드폰으로 '내 위치'를 지정하고 유니버설까지의 거리를 계산했다. 이런. 내 핸드폰이 고장 난 것이 아니었다. 걔의 핸드폰 역시 우리의 위치를 전혀 딴 곳으로 지정하고 있었다. 그제야 나는 자동 환승에 대한 기억이 떠올랐다. 자리에 오면 그게 정말 확실한 것인지 다시 알아보려고 했는데 자꾸만 다른 소재가 나와서 까맣게 잊고 있던 것이다.

그사이에 지하철이 한 역에서 멈춰 서고, 난 재빨리 창문으로 고개를 돌려 이곳이 규호시 역이라는 정보를 얻고 구글맵에 규호시역에서 유니버설까지의 거리를 쳤다. 우리가 잘못 왔다는 사실이 확실해졌다.

"우리 잘못 온 것 같아……."

난 절망적인 얼굴을 하고 걔에게 이 소식을 전해 주었다. 걔는 당황스러운 얼굴로 나를 쳐다봤다.

"아노(저기)……."

나는 바로 옆에 서 있던 두 여학생에게 말을 걸었다.

"고레와, 유니버설와, 타다시데스까?"

타다시데스까는 일본에 와서 배운 문구인데, 맞습니까? 라는 뜻이다. 여행에 와서 물어보는 일이 많아서 외우게 되었다.

"유니버설?"

여학생은 내게 알 수 없는 일본어를 쏟아내면서 뭔가 부정적인 듯한 제스처를 보였다. 중간에 '치가이'라는 단어만 알아들었다.

"No?"

확실한 대답을 알아야 했기 때문에 난 영어로 물었다. 그러자 여자아이는 손으로 X자를 표시해서 내게 보여 주었다. 망했다.

도박을 건 유니버설 재팬 3

오후 5시 10분.

"너!"

난 당황스러운 웃음을 지으며 손가락으로 걔를 가리켰다. 얼굴은 웃고 있었지만, 마음은 울고 있었다. 난 정신을 차리고 차근차근 생각해 봤다. 걔도 나만큼 당황스러운 표정을 지었다. 마음이 복잡했다. 옆에 있던 두 여자아이는 덩달아 급박한 목소리로 이 열차는 나라 행이라고 얘기해줬다. 난 마음이 심란해서 미칠 것 같았지만 상냥하게 고맙다고 인사했다.

"미안하다. 난 그 자리에서 중간에 알아서 환승이 가능한 줄 알았다."

걔가 기어들어가는 목소리로 말했다.

"그래. 우선은 내려야겠다."

오후 5시 18분, 오지 역이라는 곳에서 우리는 급하게 내렸다. 무거운 캐리어를 오사카역에 넣어둔 게 새삼 다행이었다. 오지 역은 이름처럼 정말 오지 같은 곳이었다. 검색해 보면 도쿄의 오지라는 곳 밖에 안 나오고 이곳 오지에 대한 설명은 아무것도 나오지 않았다.

"이왕 이런 거 그냥 나라 갈까?"

걔가 물었다. 나라는 우리가 시라하마를 취소하게 되었을 때 그 대신 어디를 가야 하나 고민을 하던 중에 후보에 올랐던 곳 중 하나였다. 하지만 가지 않기로 했었기 때문에 난 그곳이 굉장히 자연 친화적인 곳이며 사슴 공원이 유명하작했다. 내 핸드폰에 배터리가 없어서 킬 수가 없었기 때문에 이번에는 걔를 따르기로 했다.

　이번에는 지하철 안에 자리가 많아서 우리는 나란히 마주 보고 앉아서 편하게 바깥 풍경을 구경하며 갔다. 나는 자리에 앉아서 핸드폰에 보조 배터리를 연결하여 급하게 충전을 하기 시작했다.

　"오, 돈 들어왔네?"

　뒤늦게 핸드폰을 켜보니 여행을 떠나기 전에 취소했던 한 숙소 비용이 환불 처리되어 그중 내 몫을 걔가 내게 보내준 것이 떠 있었다. (우리는 시라하마라는 지역을 여행하려고 했었는데 너무 멀어서 취소를 했다.)

　"뭐?"

　"시라하마."

　"아, 응. 보낸 거 봤나."

　"응. 생각보다 빨리 들어왔네. 고마워!"

　걔가 열심히 알아봐서 받은 돈이었기 때문에 너무 고마운 일이었다. 걔는 그 자리에서 곧바로 내가 여행 가기 전에 빌려줬었던 50,000원도 계좌이체를 해줬다.

　"아르바이트 월급이 이번에 들어와서 지금 내가 빌린 돈 다 보내는 중이다."

　걔가 말했다.

　"오!"

　우리는 킥킥 웃었다. 그런 이야기를 하다가 우리의 관심은 구글맵으로 옮겨졌다. 구글맵을 보고 있던 걔는 지하철이 이동하니깐 우리의 위치도 계속 움직인다고 하면서 내게 핸드폰 화면을 보여줬다.

　"진짜네?"

난 신기해서 뚫어져라 바라봤다. 동물 잡기 게임 같았다. 동물들이 이동하는 방향을 보여줘서 이쪽으로 가서 동물을 잡으라고 알려주는 게임 같은 거 말이다.

"이걸 왜 지금 알았지?"

"와, 진짜. 있는 줄도 몰랐다."

그렇게 '자동 환승'이라는 찜찜한 것에 대한 기억이 점점 잊히고 있었다. 다시 조용히 바깥 풍경을 보며 앉아 있다가 나는 불현듯 지하철에서 걸리는 시간이 너무 오래 걸리는 것이 아닌가 하는 생각이 들었다. 또, 바깥 풍경은 이상하게 풀과 나무만 가득했다. 속세와는 아주 거리가 멀어 보이는 자연의 모습이었다.

"뭔가 이상하지 않아?"

내가 물었다.

"뭐가?"

"바깥에. 너무 차분해. 지나간 거 아니야?"

"에이, 아직 멀었다. 이런 곳이 유니버설일 리가 없잖아."

걔는 이런 화려하지 않은 곳이 유니버설 근처일 리가 없다며 유니버설에 가까워지면 화려한 풍경이 나올 것이라고, 그러니까 한참 더 가야 하는 거라고 말했다.

"그런가?"

나는 걔 말을 믿고 다시 의자에 기대어 앉았다. 그리고 얼마나 시간이 더 지났을까, 아무리 생각해도 너무 오래 걸리는 것 같았다. 난 구글맵에서 내 위치를 지정한 다음 유니버설까지의 길 찾기를 눌렀다. 근데 자꾸만 구글맵은 이상한 위치를 '내 위치'로 잡았다.

려다가 실패하고 더 이상은 미룰 수 없다고 생각하여 셋째 날로 잡았었는데 교토에서도 시간을 많이 보내서 우리는 이대로 유니버설을 포기해야 하나 하는 생각까지 했었다.

"그냥 마지막 날에 갈까?"

내가 조심스럽게 물었다.

"흠……. 그냥 가자."

걔가 대답했다.

"그냥 가?"

"응. 늦은 시간에는 유니버설 사람들 싹 빠진대."

"확실한 거야?"

"응, 확실해. 블로그에 다 그렇게 나와 있어."

내가 의심을 하자 걔는 100% 확신을 한다며 근엄한 목소리로 대답했다.

"그래?"

어차피 마지막 날에도 오래 못 있을 텐데, 그렇다면 해가 진 저녁에 가는 것이 더위도 피하고 더 좋을 거 같다는 생각이 들었다.

"그래, 도박."

나는 오사카역에서 내려서 코인 라커에 짐을 맡기고 유니버설 행 지하철을 타자고 제안했다.

"왜? 유니버설에 맡기면 되잖아."

그러자 걔가 반대하며 말했다.

"중간에 오사카 역 있는데 뭐 하러 유니버설까지 가. 거기서 짐 맡기자."

"좀 그런데. 오사카 역에 코인 라커 없으면 어떡해."

"오사카 역이 얼마나 큰데 코인 라커가 없겠어?"

개는 얼굴을 찡그리며 검색 창에 '오사카 역 코인 라커'를 검색하면서 "느낌이 안 좋다."라는 말을 계속 중얼거렸다. 자꾸 그러니까 나도 오사카 역에 코인 라커가 없을까 봐 걱정됐다. 하지만 오사카 역에는 코인 라커가 넘쳤다. 우리는 바로 코인 라커를 찾아 짐을 맡겼다. 그제야 어깨를 짓누르고 있던 가방과 각종 쇼핑백, 그리고 무엇보다도 제일 무거운 캐리어에게서 해방이 될 수 있었다. 살 것 같았다. 이번에는 전과 다르게 개가 지하철을 알아보며 내게 설명을 해줬다. 고마운 일이었지만 이 일은 비극을 맞게 되었다.

도박을 건 유니버설 재팬 2

개는 내게 이런 말을 했다.

"이번 지하철은 자동 환승이 되는 거야."

"뭐? 그런 게 어디 있어?"

나는 말도 안 된다고 했다.

"이거 봐. 여기 된다고 되어 있잖아."

개는 구글맵을 켜놓은 자신의 핸드폰을 내게 내밀었다. 내가 볼 때는 파란색 지하철과 분홍색 지하철 사이에 환승을 해야 한다는 표시로밖에 보이지 않았다.

"아니야, 그런 게 어디 있어."

해리포터 세계도 아니고. 자동 환승을 해주는 지하철이 세상에 어디에 있나 싶었다.

"맞다니까?"

개는 자꾸만 우겼다. 정말 단호했다. 계속 그렇게 나오니깐 난 헷갈리기 시 내가 좋아하는 곳을 상대방이 싫어할 수도 있고, 상대방이 좋아하는 곳을 내가 싫어할 수도 있으나, 서로 조금씩만 배려를 해준다면 좋은 여행이 될 수 있을 것 같다. 우리는 가끔 투닥거리기는 했지만 그래도 그 점만큼은 서로 잘 지켜줘서 좋았다.

도대체 우리는 무엇을 한 것인가

다음의 일정을 어떤 말로 표현해야 할지 모르겠다. 아무것도 안 한 건 아니지만 그렇다고 뾰족하게 무엇을 했다고 말하기가 어려운 이야기이다.

우리는 도톤보리를 찾았다. 하지만 돈보리 리버 크루즈가 어디에 있는 건지 모르겠는 거다. 길을 걷는 일본인 분들에게 물어봐도 왠지 모르실 것 같고 막막했다.

"어? 저거 크루즈다!"

우리는 우연히 한 크루즈를 발견할 수 있었다. 크루즈는 우리를 지나쳐 강을 쭉 돌고 있었다. 저걸 따라가면 되겠다 싶어서 졸졸 따라가 보려고 했지만, 사람도 많고 차를 피해 길도 건너야 해서 결국엔 놓쳐 버렸다. 우선 크루즈가 사라진 방향으로 걷기 시작했다. 그랬더니 화려했던 거리에서 조용한 강가가 나왔고 우리는 표지판 하나를 발견했다. 그곳에는 선착장 3개의 위치가 나와 있었는데 '돈보리 리버 크루즈'라는 이름과 관련 있는 이름의 선착장이 없었기 때문에 아무래도 하나를 찍어야 할 것 같았다. 제일 가깝고 그럴듯한 선착장을 고른 우리는 다시 무작정 걷기 시작하였고, 다리가 빠질 듯이 아팠다.

한 길가에 사람들이 이상하리만큼 많이 모여서 강 반대편을 바라보고 있었다. 그곳에는 어느 일본의 아이돌이 있었다. 무대가 끝나고 일본인들은 클래식 공연을 본 사람처럼 예의 있게 박수를 쳤다. 우리나라와 굉장히 다른 광경이었다. 우리나라 같은 경우 그런 공연을 보며 대화도 나누고 공연이 끝나면 환호성도 질러주고 하는데 말이다. 몇 명의 사람들은 색깔별로 응원봉도 가지고 있었다. 우리는 서서 구경을 할 수 있는 몸 상태가 아니었기 때문에 그곳을 지나쳐 다시 크루즈를 찾기 시작했다. 근데 우연히도 그곳 바로 앞에 돈보리 리버 크루즈 선착장이 있었고 그 근처에 티켓을 파는 곳이 있었다. 오후 7시 59분. 하지만 모든 표가 매진되었고 우리는 한순간에 목표를 잃게 되었다.

우리는 바로 앞에 있던 '돈키호테'를 발견하고 무작정 들어갔다. 돈키호테는 일본에서 굉장히 유명한 디럭스 스토어인데, 지인들 선물을 사기에 좋을 것 같았다. 하지만 내가 코인 라커에 돈을 많이 두고 나왔기 때문에 우리는 내일 다시 오자고 얘기를 하고 그곳을 나왔다.

또 그 바로 옆에 이치란 2호점이 있었다. 거기가 1호점인지 2호점인지는 모르겠지만 도톤보리 식당 골목에서 또 다른 이치란을 본적이 있다. 하여튼 그곳은 말도 안 되게 줄이 길었다. 줄을 설 기운도 없고 이치란 라멘을 먹을 생각이 없었기 때문에 또 그곳을 그대로 지나쳐갔다.

결론적으로 우리는 아무것도 하지 않았다.

트렌드

길을 걷는 수많은 방황의 시간 동안 그나마 얻은 것이 있다면, 우리는 일본의 트렌드에 대해 생각을 해보는 시간을 가질 수가 있었다. 우리가 낸 의견은 이랬다.

"일본은 리본을 좋아한다."

"그분이 너무 친절하게 말씀하셔서 말을 못 끊었어. 미안하다."

그곳을 벗어나 우메다역으로 향하며 내가 말했다.

"그런 것 같아 보이더라."

그렇게 우리는 오사카 역에 도착한 후로 또 40분 정도를 길을 헤매는 데에만 보낸 후 지하철을 찾아 탈 수 있었다.

와이파이

오후 7시 7분, 우리는 난바 역에서 내렸다. 난바역에서 내려서 출구까지 가는 에스컬레이터는 너무 비좁았다. 그래서 줄도 길고 올라가는 내내 왜 이렇게 만들었을까 싶었다.

오늘의 일정 중에 '돈보리 리버 크루즈'라는 것을 타는 것이 중요했는데 그건 당일 날 선착순으로 표를 끊는 사람이 탈 수가 있어서 예약한 후 덴덴타운을 가는 것이 좋을 것 같았다. 또, 음식점이 많은 도톤보리에서 저녁을 먹고 가자는 것이 우리의 계획이었다. 하지만 우리는 또 다른 절망적인 상황을 맞았다. 대여한 와이파이 기계가 배터리가 1칸밖에 남지 않았었는데 와이파이 가방을 들고 다녔던 걔는 와이파이와 자신의 핸드폰 충전 잭이 같은 건 줄 알고 와이파이용 충전 잭을 코인 라커 안에 넣어버린 것이다. 걔는 아이폰을 썼는데 지금까지 와이파이 잭이 아이폰 잭과 다르다는 것을 모르고 있었다니. 난 너무 답답했다.

'와이파이 없이 어떻게 여행을 다니지?

지도도 못 보고 번역기도 못 쓰니 큰일이었다. 우리는 절망에 빠졌다. 하지만 이렇게 우울해 한다고 뭐가 달라지는 것이 아니었기 때문에 나는 마음을 가라앉혔다.

"그냥 무작정 물어서, 물어서 다니면 되겠지 뭐! 내가 사람들한테 다 물어볼 테니까 걱정하지 마."

난 큰 목소리 떵떵 치며 안심을 시켰다. 혹시 모를 위급 상황에 쓰기 위해 마지막 1칸이 남은 와이파이는 당장 끄도록 했다. 와이파이를 못 쓰게 되었기 때문에 또 다른 구역을 가는 것은 불가능해 보여서 덴덴타운은 포기하고 그냥 도톤보리만 돌아다니기로 했다.

일본 모델

우리는 도톤보리를 가는 길에 '투투안나'를 발견하게 되었다. 투투안나는 개성 있는 양말들만 취급하는 양말 가게다. 양말도 양말이지만 가장 좋았던 것은 따로 있었다. 투투안나에서 광고를 위해 양말 옆에 그 양말을 착용한 모델 사진을 오려서 붙여 놨는데, 일본 모델을 굉장히 좋아하는 나는 반가우면서도 신기했다. 특히 내 관심은 엠마라는 모델에게 향했다. 그녀는 개인적으로 제일 좋아하는 일본 모델이다. 너무 반가워서 걔에게 자랑했다. 걔는 일본 모델을 잘 알지도 못하지만 말이다.

"여기 봐! 여기에도 붙어 있네? 내가 제일 좋아하는 모델이야!"

우리는 계산을 끝내고 다시 도톤보리로 향했다. 돈보리 리버 크루즈라는 걸 타기 위해서였다. 그건 걔가 가장 기대를 하고 있었던 것 중에 하나다. 사실 내가 보기에는 바로 코앞에서 다른 관광객들의 주목을 받으며 알아들을 수 없는 일본어 설명을 듣는 게 그렇게 재미있을 것 같지는 않았다. 하지만 걔가 너무 좋아해서 꼭 타려고 했다.

덴덴타운으로 가려면 오사카 역에서 우메다 역으로 이동해야 했다. 그쪽 부근에는 역이 굉장히 복잡하고 커서 머리가 아프다. 나는 인포메이션 센터로 가서 우메다 역은 어디로 가야 하냐고 물었다. 그랬더니 직원은 우메다 역도 여러 종류가 있어서 어디로 가냐고 물었다. 나는 덴덴타운으로 갈 것이라고 그랬고 직원분은 B1으로 가라고 하셨다. 밖을 나가서 헤매던 우리는 직원이 말한 B1이 도대체 어디라는 건지 알 수가 없었다. 그래서 오사카 역 왼쪽에 있는 노란색 간판 음식점들을 지나다가 한 남자 직원에게 말을 걸었다.

"아노……"

"하이!"

그분은 친절하게 다가와 줬다. 니시키도 료라는 일본의 가수 겸 배우를 닮으셨다. 나는 덴덴타운에 가는 우메다 역이 어디에 있는지 알려 달라고 말했다. 근데 남자분이 영어를 하시는 분이 아니라서 모든 대답을 일본어로 하셨기 때문에 알아들을 수가 없었다.

"덴덴타운?"

직원분은 고개를 갸우뚱하며 되물으셨다. 모르시는 것 같아서 고맙다고 인사를 하고 다른 분에게 물어보고 싶었지만, 그분은 아예 가게에서 벗어나 광장 쪽으로 나와서 주위를 두리번거리며 길을 찾아주기 시작했다.

"에또……"

그분은 자신의 핸드폰을 꺼내 인터넷에 덴덴타운을 검색하며 위치를 확인하기 시작했다. 난 시간이 점점 흘러가니깐 초조하기도 하고, 옆에서 차가운 눈빛을 하고 서 있는 개의 눈치가 보이고, 그분께서 일도 못 하고 나를 도와주니깐 미안하고 부담스러운 복합적인 감정에 마음이 점점 불편해지기 시작했다.

직원은 한참을 검색하다가 "아, 닛폰바시!"라고 중얼거리며 내게 설명해주기 시작했다. 일본어로 하셔서 알아들을 순 없었지만, 너무 고마웠다. 하지만 이렇게 계속 시간을 보내면 안 되겠다 싶어서 나는 무조건 알아들은 척 밝은 목소리로 "하이!"를 연발하기 시작했다. 어색한 내 표정이 찜찜했는지 계속해서 직원분은 더 알려주고 또 더 알려주셨다. 그분은 알겠냐고 되물으시고 고개를 끄덕이셨다. 그제야 나는 양손을 모으고 '도모 아리가또 고자이마스!'라는 말을 그분께 할 수 있었다. 이 일은 아직도 일본에서 가장 기억에 남는 순간 중에 손꼽힌다. 정말 따뜻한 분이었다.

역도 정보를 알아봤었기 때문에 잘 돌아다닐 자신이 있었다.

"덴노지에 볼 거 뭐 있는데?"

걔는 여전히 차가운 목소리로 물었다. 마치 나를 심판하는 듯한 심사위원 같은 말투였다.

"동물원도 있고, 전망대, 박물관 같은 데도 있고."

"뭐 별것 없지 않나? 날씨도 더운데 동물원도 그렇고."

"그래."

난 다시 머리를 굴려보기 시작했다. 그 사이 걔는 유니버설 중고 판매에 대해 알아보고 있었다. 그래도 고마운 점은 걔는 군말 없이 티켓 중고 판매를 도맡아서 해 줬다.

그렇게 조용히 가다가, 핸드폰을 만지던 걔는 갑자기 우리가 지하철을 잘못 탄 것 같다며 다급하게 말했다.

"지금 도쿄로 가고 있는 것 같다!"

"아니, 도쿄가 얼마나 먼데 도쿄로 갈 수가 있어?"

난 말도 안 된다고 했다.

"방송에서 나왔는데 오사카가 아닌 것 같다! 방송에서 다음 역이 스키시마 역이라고 했는데 그 역이 도쿄에 있는 역이야. 봐라. 바깥 풍경도 다 처음 보는 광경들이잖아."

걔가 말했다. 창문을 보니 정말 낯선 풍경들이기는 했다.

"그렇긴 한데……."

"내려야 해!"

걔가 다급하게 말했다. 그러자 나도 정신이 없어서 헷갈리기 시작했다. 재빨리 안락했던 자리에서 일어나 문 앞으로 섰다. 하지만 마침 그때 다시 나온 방송은 이곳이 후쿠시마(오사카) 역이라고 안내했다.

"크흠. 아니네."

걔는 민망한 듯 웃으며 말했다. 난 벙져서 걔를 바라봤다. 우리는 어색하게 서서 오사카 역을 기다렸다.

오후 6시 13분, 드디어 오사카 역에 도착했다. 우리는 역무원을 찾았다. 난 우리가 다른 역을 갔다가 돌아왔는데 어떻게 나갈 수 있느냐고 물었다. 그런데 역무원이 영어를 못 해서 말이 잘 통하지 않았다. 우리의 대화가 더뎌지자, 걔는 옆에서 참견하며 짜증을 냈다.

"뭐라는데? 너 이상하게 말하고 있는 거 아니야? 저 사람이 지금 다른 거 물어보는 거 아니야? 뭔데?"

안 그래도 지금 말이 안 통해서 짜증이 나는데 걔까지 그러니까 정신이 없었다. '그럼 네가 직접 얘기해!'라고 떠넘기고 싶었다. 한참의 시름 끝에 우리는 180엔을 더 내고 역을 나올 수가 있었다. 그렇게 2시간 정도의 시간이 허공으로 날아갔다.

판타지

나는 힘이 빠져서 역 안에 있는 의자에 털썩 주저앉았다. 어떻게 이렇게 되는 일이 없을까. 그때부터 머리가 멍하고 아무 생각이 들지 않았다. 나도 모르게 짜증이 막 나왔다. 그래도 이렇게 그냥 앉아 있을 수는 없으니 다시 돌아다닐 계획을 세워봐야 했다. 우리는 우리가 가고 싶어 하는 일정 중에 가장 밑에 있는 덴덴타운부터 시작해서 쭉 위로 올라온 다음 마지막으로 우메다역 부근에 있는 숙소로 가기로 계획했다. 유니버설은 깔끔하게 포기하고 말이다.

넷째 날

—

사춘기

이날 아침은 이상했다. 난 화가 잘나지 않는 사람인데, 아침에 일어나자마자 갑자기 모든 것이 짜증 났다. 마음이 편하지 않고 불안했는지, 자꾸만 깨고 또 깼는데 도저히 눈이 떠지지 않아서 9시 50분에서야 일어났다. 이제 정말 나가야 하는 시간이 거의 다 되어서 할 수 없이 몸을 일으키니 정말 몸이 바스러지는 느낌이었다. 산산조각이 나서 가루가 될 것만 같았다. 첫째 날부터 하루도 빠짐없이 그런 고통을 느끼며 일어나니까 많이 짜증이 났나 보다. 괜히 걔가 원망스럽고 그래서 괜히 심통이 난 얼굴로 아침을 맞았다. 사춘기 학생 같은 느낌이었다. 여행을 가면 아무리 둔한 사람이라도 예민해지기 때문에 주의해야 할 것 같다.

착한 버스

오전 11시 31분, 우리는 오사카역으로 가는 버스에 탔다. 버스에서 재밌는 일이 하나 있었다.

2명의 나이가 지긋한 아주머니들이 버스가 문이 닫히고 뒤늦게 서야 황급히 내려달라고 부탁해서 버스 아저씨가 다시 문을 열어주셨다. 그리고 빨강 신호등 때문에 버스가 서 있을 때, 그 아주머니 한 분이 버스를 열어 달라고 문을 두드리고 다시 들어오시는 거다. 그 뒤로 다른 아주머니 한 분도 다시 버스 안으로 따라서 들어오셨다. 그리고 버스에서 자신이 놓고 간 물건을 집고서 다시 문을 열어달라고 해서 버스 아저씨는 벌써 3번째로 문을 열어주었고, 아주머니는 정말 감사하다고 인사하고 친구 아주머니와 같이 버스에서 내렸다.

난 그 모습을 보고 버스 아저씨가 보살인가, 싶었다. 다른 곳은 어떤지 모르겠는데 우리 지역은 버스 아저씨들이 괴팍해서 빠릿빠릿하게 안 내리면 버스가 그냥 출발해 버리기도 하고 과속도 하고 지나가는 차 운전자와 싸우기도 해서 좀 무섭다. 그래서 버스 아저씨가 착한 게 좀 부러웠다.

고소공포증

우리는 헵파이브를 가기로 했다. 헵파이브는 오사카에서 유명한 대형 관람차다. 걔가 제일 기대하고 있었던 것 중의 하나이기도 하다.

오후 12시 15분. 우리는 헵파이브 건물에 도착했다. 안내 직원에게 외국어로 질문을 하려고 했는데 "한국인이세요?"하고 우리에게 묻는 것이다.

"네."

나는 놀라서 얼떨떨한 마음으로 대답했다. 그분은 한국어로 헵파이브를 가는 방법을 설명해 주었다. 발음도 굉장히 좋았다. 신기했다. 우리는 7층까지 엘리베이터를 타고 올라갔다. 엘리베이터에 내리자마자 줄 서고 있는 사람이 한 명도 없어서 운 좋게도 바로 헵파이브에 올라탈 수 있었다. 들어가기 전에 직원분이 카메라를 들이밀고 사진을 찍어주겠다고 해서 급하게 어색한 포즈를 잡고 사진을 찍은 다음 빨간 관람차에 들어갔다.

딱 들어가자마자 나는 잊고 있던 나의 병이 떠오르기 시작했다. 난 엄청난 고소공포증이 있던 것이다! 난 나도 모르게 걔의 손목을 붙잡고 덜덜 떨기 시작했다. 걔가 아프다고 하는 바람에 손목을 놓게 된 나는 어디 기댈 곳도 못 찾고 그냥 그 자리에서 굳어버렸다.

"나도 무섭다."

걔는 그렇게 말하면서도 신나서 관람차 안에서 쿵쿵대고 움직이고 자리를 옮기기를 반복했다. 난 관람차가 이대로 떨어지는 상상이 들어서 더 겁이 나기 시작했다. 바깥을 보면 자꾸 떨어지는 상상만 떠오르고, 실수로 관람차 문을 조금만 건드렸다가 열릴까 봐 걱정됐다. 꼭대기를 넘어가서 내려가는 지점부터는 다행히도 마음이 안정을 찾기 시작해서 구경할 수 있었다.

한 가지 결심한 건, 오사카를 또 오게 되더라도 다시는 관람차를 타지 않을 것이다!

못난이

헵파이브와 같은 건물에 '와일드 리버'라는 급류 체험 기계가 있다. 이곳에는 일본인과 중국인 관광객이 꽤 있었다. 1시가 되어서야 우리 차례가 오고, 관광객들을 질서 정연하게 세운 직원은 사진을 찍으면 안 된다는 사실을 강조하며 그 외 주의사항들을 말해 주고 티켓을 나누어 줬다. 기구 위에 올라타자 안전바가 내려가고 기구는 어떤 홀 안으로 들어갔다.

홀 안으로 들어간 후, 밑을 내려다보니 꽤 기구가 크고 높은 곳에 있었다. 콘셉트는 어떤 여자 주인공과 여행을 떠나는 것이었는데 스피커에서 여자 주인공이 친구처럼 말을 걸고 우리가 위험 속에서 여기저기 돌아다니고 탐험을 하는 내용이었다. 일본어로 진행이 돼서 못 알아듣기도 했지만, 화면으로 보이는 줄거리도 시시하고 재미도 없었다. 하지만 더 충격적인 사실은 내가 그 시시한 기구를 타고 멀미를 했다는 것이다!

시작하자마자 싸한 느낌이 들긴 했는데 10분 동안 체험 기계가 돌아간 후,

내려서 나왔을 때 메스꺼운 기분에 머리가 어지럽고 컨디션이 급격하게 나빠졌다. 모든 사람이 재잘재잘 떠들면서 나오는 데 나 혼자 얼굴이 파랗게 질려서 초췌하게 그곳을 나왔다. 여기서 난 두 번째 결심을 했다.

'와일드 리버 다시는 안 탄다.'

마지막 만찬

우리는 카레 집으로 향했다. 같은 층에 괜찮은 음식점이 많아서 고르는 게 힘들었다. 카레와 오므라이스를 전문으로 하는 집인데 남는 자리가 날 때까지 우리는 가게 앞에 있는 대기 의자에 앉아 있어야 했다. 그러자 직원이 와서 메뉴를 고르라고 영어 메뉴판을 줬다.

1시 28분, 드디어 자리에 앉고 우리 둘은 똑같은 치킨 카레를 시켰다. 음식은 금방 나왔는데 맛있기는 했지만 난 헵파이브에서 고소 공포증으로 고생을 하고, 와일드 리버에서 멀미까지 했던 터라 속이 안 좋았다. 별로 밥을 먹고 싶지가 않았다. 하지만 이것만 먹고 곧 공항으로 출발해야 했기 때문에 난 마지막 식사를 꼭 제대로 먹고 싶었다. 그래서 꾸역꾸역 밥을 먹었다. 점점 속이 더 안 좋아지기는 했지만, 이제 집으로 돌아가서 쉬는 일만 남았으니까 괜찮을 것 같았다. 걔가 내게 이런 말을 하기 전까지는 말이다.

"오늘 끝내기 너무 아쉽지 않나? 우리 비행기 연장하자."

연장전

우리는 3박 4일의 여행을 계획했는데, 여기에 비하인드 스토리가 하나 있다.

사실 처음 비행기 표를 살 때까지만 해도 난 우리가 월요일부터 금요일까지 여행을 가는 건 줄 알고 있었다. 근데 갑자기 걔가 이렇게 말을 하는 거다.

"우리 화요일부터 가는 건데?"

그런 얘기를 제대로 한 적이 없어서 난 한 달 동안이나 4박 5일의 여행인 줄 알고 있었다.

"월요일부터 가면 안 돼?"

내가 물었다. "비행깃값도 월요일보다 화요일이 더 싸고 4박 5일은 너무 길다."

걔는 단호하게 대답했다. 그래서 우리는 화요일부터 금요일까지의 여행을 계획했었다. 그런데 지금에서야 4박 5일로 여행을 연장하자고 하니, 애초에 4박 5일로 했으면 비행기 수수료를 더 낼 필요가 없었을 텐데, 하는 생각이 들었다.

그리고 걱정되는 게 걔는 토요일에 아르바이트가 있었기 때문에 비행기 표를 바꾼다고 해도 우리는 내일 오전 11시 비행기를 타야 했다. 11시 비행기를 타려면 적어도 8시까지는 공항에 가 있어야 했고, 공항에 8시까지 가려면 일찍 일어날 자신도 없고, 여러 가지 사정상 공항에서 밤을 새우는 방법밖에 없었다. 그럼 많이 돌아다니지 못하고 공항으로 돌아가야 하는 것이었다. 난 남는 시간 동안 뭘 할 수 있을까, 그리고 집에 도착하는 시간까지 밤을 새울 수 있는 체력이 되는가에 대해 고민을 했다.

"왜? 별로야?"

그러자 걔가 물었다.

"음. 아니! 괜찮은 것 같아."

난 아직 걱정이 많았지만, 왠지 거절하기는 미안해서 대답했다.

"아, 또 좋은 생각이 있다!"

걔는 불현듯 외쳤다.

"뭐?"

"우리가 오늘 연장을 하고 유니버설을 가는 거야."

"유니버설을 가자고?"

나는 나도 모르게 당황스러운 표정을 지었다. 지금 이렇게 멀미가 오고 어지럽고 토할 것 같은 메스꺼운 상태에서 유니버설을 돌아다닐 자신이 없었다.

"아, 좀 그래?"

그러자 걔는 갑자기 표정을 굳히더니 밥만 먹기 시작했다. 분위기는 갑자기 싸해졌다.

연장전 2

'의견이 다를 수도 있지!'

무조건 반대한 것도 아니고 그냥 당황한 것뿐인데 그런 반응을 보이니까 서운했다. 난 유니버설을 가는 것이 걱정되었지만, 걔의 의견도 존중해줘야 할 것 같아서 눈치를 보며 다시 말을 걸었다.

"너는 유니버설 가고 싶어?"

"어."

걔는 그제야 나를 바라보며 단호하게 대답했다. 그리고 다시 밥만 먹기 시작했다.

"음, 근데 내가 지금 속도 안 좋고 멀미도 심하고 그래서 유니버설을 가면 아무것도 못 할 것 같아. 어쩌지?"

난 조심스럽게 얘기를 꺼냈다.

"그럼 나만 놀이기구 탈 테니까 너는 기다리면 되잖아."

걔가 대답했다.

"나보고 그냥 기다리라고?"

"응. 그러면 안 되나?"

난 그 말을 듣고 기분이 상했다. 비행기 표를 미뤄서 여행을 연장하고서 자기는 놀이기구를 타러 다닐 테니 나는 그동안 기다려 주라는 것이다.

"너무 한 거 아니야?"

난 서운한 마음으로 말했다. 하지만 싸울 수는 없어서 다시 부드럽게 내 상황에 대해 말했다. 다행히도 그러자 우리의 대화가 잘 풀리기 시작했다.

"진짜, 진짜 미안한데 내가 지금 상태가 안 좋아서 유니버설을 못 돌아다닐 것 같아. 만약에 연장하면 유니버설 말고 다른 곳 돌아다니는 건 어때? 미안하다."

"아, 괜찮다. 그러자 그럼. 근데 난 네가 좀 그렇다."

"응? 나? 왜?"

"너 상태 안 좋아서 못 돌아다니는 거 아니야?"

걔는 걱정하며 물었다.

"아……. 멀미도 시간 지나면 괜찮아질 거야. 아마!"

난 나 때문에 유니버설도 못 가게 된 마당에 아프든 뭐하든 정신 차리고 돌아다녀야겠다는 생각으로 대답했다.

연장전 3

"문제가 하나 더 있다."

걔가 말했다.

"뭐?"

난 두려운 마음으로 얘기를 들었다.

"와이파이를 오늘까지로 대여해서 돌려줘야 한다."

"아……. 그럼 그거 어떻게 연장하는지 좀 알아봐 줘라."

"비행기부터 해야 하는 거 아니야?"

그러자 걔는 갑자기 쏘아붙였다.

"와이파이 문제를 우선 해결해야 여행을 늘려도 되는지 어째도 되는지 알지."

내가 대답했다.

"될 것 같은데."

걔는 짜증스럽게 중얼거리며 와이파이 회사에 전화를 걸었다. 도대체 왜 화를 내는 건지 이해가 안 됐다. 전화를 걸면서도 계속해서 표정이 안 좋았다.

걔는 한참 헤매다가 와이파이 회사 앱을 깔고 본인 인증을 하는 중이었다. 난 그동안 항공권을 미루고 수수료를 계산하는 것에 대해 알아보고 있었다.

"인증이 안 되는데?"

걔는 뭐가 잘 안되는지 툴툴거렸다.

"왜 그러지?"

나는 같이 살펴봐 줬다. 알고 보니 인증을 할 때 국가 번호를 빼는 걸 걔가 몰랐던 것이다. 겨우 인증을 마치나 했는데 여전히 되지 않는다고 걔는 불평했다.

"그래? 왜 그러지?"

난 다시 걱정스레 물었다. 그것 역시 걔의 실수였다. 우리는 한국인이니까 한국으로 나라를 설정해야 하는데 계속 일본으로 설정해둔 것이었던 거다. 난 시간도 없는데 너무 답답했다.

잠시 후 걔는 하루에 4200원씩 내면 계속해서 대여할 수 있다고 말했다. 연장이 가능하다고 하니 다행이었다. 드디어 와이파이 문제를 해결하고, 이제 우리가 신경 써야 할 것은 항공권이었다. 아까 핸드폰으로 계산을 하려고 했는데 되지 않았다. 우리는 낑낑댈 시간이 없어서 전화로 해결하기로 했다. 전화하는 사람이 많아서 기다려야 한다는 음성 메시지가 나왔다. 상황이 급한데 초조했다. 연락을 기다리다가 드디어 항공사에서 전화를 받았다. 굉장히 친절하셨

다.

비행기 시간 1시간 전까지는 언제나 취소 또는 변경을 할 수 있으며 1인당
변경 수수료는 40,000원 정도, 취소 수수료는 50,000원 정도가 된다고 한다.

오후 2시 53분, 우리는 가까스로 비행기 표까지 변경을 하고, 계산을 마친 뒤
황급히 식당을 나왔다.

낭만 계단

전날 밤에 오사카 역의 계단을 내려왔었는데 그 계단이 그렇게 낭만적이었다. 사람들이 삼삼오오 모여 그 넓은 계단에 앉아서 맥주도 마시고 얘기를 나누고 있었다. 우리나라 한강에서 보던 풍경과 비슷했다. 우리도 거기서 쉬고 싶었지만, 그때는 시간이 없어서 쉴 수가 없었는데, 이번엔 너무 햇볕이 내리쬐는 시간이라 아무도 앉아 있지 않았다.

계단 바로 앞에는 커다란 공터 같은 곳이 있는데 어젯밤부터 공연 무대를 설치하고 있었다. 무슨 공연을 하는 것인지는 모르겠지만 이렇게 뜨거운 햇볕만 아니면 기다려 보고 싶었다. 일본을 여름에 여행하려면 너무 덥기 때문에 손수건, 우산, 선글라스는 필수인 것 같다.

그 공터를 지나서 오른쪽 길로 향하면 작은 인공 호수 같은 곳이 있는데 거기에서 아이들이 웃옷을 벗고 물놀이를 하고 있었다. 참 예뻐 보였다. 곳곳에 낭만적인 곳이 참 많은 것 같다는 생각이 들었다.

최악의 하루

그다음 우리의 목적지는 어제 들어가 보지 못한 공중정원이었다. 난 속이 안 좋았기 때문에 차가운 음료를 마셔야 할 것 같아서 복숭아 음료 하나를 사 먹었다. 결국, 카레를 먹고 체했는지 토를 하고 나왔는데, 그래도 속이 불편했다.

우리는 다시 어제 갔던 길대로 걷기 시작했다. 한 번 와 봤던 길이라 막힘없이 걸었다. 길을 헤매지 않은 건 좋았지만 날씨는 최악이었다. 너무 뜨거워서 누가 태양을 일본에만 가까이 끌어다 온 것만 같았다.

입구에 들어가자마자 바로 보이는 WILLER EXPRESS라는 곳에 가서 안내데스크의 직원에게 공중정원으로 가는 법을 물어봤다. 일본어로만 대답해서서 뭐라고 하는지 잘 알아듣지 못했지만, 엘리베이터를 타라는 뜻 같았다. 우리는 엘리베이터를 타고 아무리 헤매 봐도 공중정원을 찾을 수가 없었다. 오후 4시. 다시 원점으로 돌아온 나는 다시 화장실로 가서 또 한 번 토를 했다. 계속 속이 안 좋아서 걱정이었다.

그 후, 겨우 39층으로 가는 엘리베이터를 찾아 탔다. 엘리베이터 안은 마치 가상현실 세계 같은 느낌이었다. 39층에는 커다란 창문이 있었다. 밖으로 공사

장과 높다란 건물들이 보였다. 먹구름이 하늘을 가리고 있었고 바다도 보였다. 우리는 카운터에서 주유 패스를 보여주고 티켓을 받았다. 그리고 안내에 따라 오른쪽에 바로 위치한 에스컬레이터를 타고 한 층 위로 올라갔다.

가장 먼저 보이는 것은 커다란 계단 소파였다. 계단으로 올라가야 거대한 소파 위에 앉을 수가 있다. 연속으로 높은 곳을 가고 어지러운 기구만 타니깐 머리가 계속해서 어지러웠다.

'내가 이렇게 약한 사람이었던 건가……'

난 내 모습이 무척 마음에 들지 않았다. 걔는 정반대로 굉장히 신나 있었다. 우리는 계단 소파에 앉아서 가만히 창문 밖을 바라봤다. 화려한 건물이 많아서 낮보다는 밤에 오면 더 예쁠 것으로 보였다.

기념품

우리 둘은 비슷한 특징이 있다. 평소에는 돈 쓰는데 조심하면서 기념품 가게만 가면 왠지 꼭 사야 할 것만 같은 충동에 휩싸이는 것이다. 공중정원에도 그런 기념품이 하나 있었는데, 사실 사진으로만 봐도 허접스럽게 만든 것 같기는 했다. 근데 공중 정원 건물 모양이 예뻐서 자꾸만 사고 싶은 것이다.

"아, 이런 건 하나 사 줘야 하는 거 아닌가?"

걔는 그런 말을 했다. 그러자 나는 더욱 더 계산해야할 것만 같은 충동에 휩싸였다. 기념품은 뽑기 기계에 돈을 넣고 4가지 색깔 중의 하나가 무작위로 나오는 것이었는데 이게 하나에 400엔이나 하는 것이다. 아무리 생각해도 이걸 사면 한국 돌아가서 후회를 할 것 같아서 우리는 충동을 꾹 참고 돌아섰다. 기념품은 도대체 왜 필요도 없으면서, 대충 만들어진다는 걸 알면서도 사고 싶은

것일까. 내가 안 그랬으면 좋겠다.

제우스

오후 4시 20분. 그다음 우리가 간 곳은 WEST라는 표지판이 걸려 있는, 강이 보이는 방향으로 앉을 수 있는 카페 같은 곳이었는데 옆에 커피와 디저트, 맥주 같은 것을 사 먹을 수 있었다.

하늘을 보니까 여전히 먹구름이 많았다. 구름이 너무 많아서 하늘이 보이지

않을 정도였다. 높은 위치에서 하늘을 바라보니 구름이 더 가까운 느낌이었다. 심지어 구름의 윗부분까지 보이는 정도였다. 무엇보다도 제우스가 내려오는 것처럼 구름 사이로 햇빛이 좌르르 내려오는 모습이 내게는 가장 인상적이었다. 난 오늘도 핸드폰 배터리가 일찍 닳아서 꺼놓은 상태였는데, 그래서 걔에게 저 구름 좀 찍어달라고 엄청 졸랐다.

요도 리버

창밖으로 보이는 풍경은 굉장히 예뻤는데, 걔는 도시와 도시 사이에 있는 강을 마음에 들어 했다. 그 위의 다리도 예뻤다. 우리는 창문 바로 앞에 붙어 최대한 가까이서 풍경을 구경했는데 마침 옆에 일본인 커플이 있어서 난 저 강의 이름이 뭐냐고 물어봤다. 사실 그 커플이 살짝 험상궂은 인상을 하고 있어서 무서웠는데 굉장히 친절하게 대답해 주셨다.

"요도 리버래!"

난 신나서 걔에게 말해 줬다.

"뭐가?"

"저 강! 네가 아까 궁금해하던 거."

"아아. 난 강 뒤에 있는 도시 물어본 거다."

"그런 거였어?"

아쉽게도 강 뒤에 있는 도시의 이름이 뭔지는 못 물어봤지만, 요도 리버는 정말 넓고 예뻤다.

벌

우리는 옥상으로 올라갔다. 안전하게 만들어지기는 했겠지만 난 그래도 무서웠다. 또 버릇처럼 개의 손목을 꽉 붙잡고 의지해서 걸어 다녔다. 생뚱맞은 생각이지만 여기에 있는 관광객 중에 이상한 사람이 있어서 갑자기 나를 밀어버릴까 봐 무서웠다. 나중에 걔한테 그 얘기를 하니까 사실 자기도 그런 상상을 했다고 얘기했다. 근데 인생은 짧으니 즐겨야겠다는 생각으로 참았다고 한다. 난 내가 이상한 사람인 줄 알았는데 역시 사람은 비슷한 생각을 하고 사는

구나, 싶었다. 죽는 게 두려워서라기보다, 그냥 그 상황 자체가 손들고 벌을 서는 것을 싫어하는 것과 비슷한 느낌으로 싫었다. 고문 같았다. 유일하게 좋았던 것은 하늘을 가까이서 볼 수 있었다는 점이었는데 먹구름이 하늘을 다 뒤덮어서 빈틈이 보이지 않았다.

오후 4시 40분. 우리는 옥상에서 내려왔다. 공중정원에는 건물과 건물 사이를 연결해주는 에스컬레이터가 있는데 내려가는 길에 경사가 굉장히 높고 느려서 무서웠다. 거기다가 밑에 아무것도 없고 바로 허공이었기 때문에 벌벌 떨면서 내려갔다.

난 여기서 세 번째 결심을 했다.

'앞으로 공중정원은 가지 않겠다!

겁쟁이가 따로 없다.

까마귀와 비밀의 정원

오후 5시. 1층으로 내려온 우리는 아까 잠깐 봤던 공중정원 뒤편의 정원을 가보기로 했다. 정원은 소설 〈비밀의 정원〉에 나올 법하게 생겼다. 날씨 때문이었는지도 모르겠지만 오묘하고 음침하면서도 예쁜 분위기였다. 딱히 크지도 않고 뭐가 많은 것도 아니었지만 그림 같았다. 영화나 드라마에서 영상을 찍기에 예쁜 장소 같았다.

"그나저나 비가 안 오네?"

"그러게."

먹구름이 많은데 비가 안 오는 게 신기해서 개와 하늘을 바라보며 얘기했다. 그런데 그런 얘기를 하자마자 솨아아아, 비가 억수로 쏟아지기 시작했다. 호랑이도 제 말 하면 온다더니. 신비한 일이 하나 더 있었다. 정원 쪽에는 비가 오지 않고 건물 바깥쪽에서만 비가 엄청 쏟아지는 것이다. 그 사이가 1m 정도 되는 거리밖에 되지 않는데 말이다. 만화에서 주인공 위에만 먹구름이 드리워서 비가 따라다니는 장면이 생각났다. 너무 신기해서 계속 구경하고 싶었다.

요란한 날씨

비는 그쳤다가 다시 내렸다가, 어디는 내리고 어디는 안 내렸다가, 둘 다 내렸다가, 이랬다가 저랬다가. 산만하게 내렸다. 난 신기해서 좋았지만 수많은 사람이 비 때문에 힘들어했다.

돌아가는 길, 우리는 우산이 없었는데 기다란 지하 통로를 지나가 반대편으로 넘어가니 그곳에서는 비가 오지 않아서 다행이었다. 하지만 안심을 하자마자 1분 만에 이곳도 비가 오기 시작했다. 그래서 허겁지겁 신호등 있는 건널목을 건너서 걸으니 비가 다시 그쳤다.

"이게 뭐야?"

우리는 황당해하면서 웃었다. 아무리 생각해도 그때의 비는 정말 특이했다.

싱어송라이터

오사카 역 앞에서는 전에 공사 중이었던 무대가 완성되고 공연을 하고 있었다. 비도 금방 그치고 날씨도 덕분에 선선했기 때문에 우리는 잠시 걸음을 멈추고 공연을 구경했다. 스태프로 보이는 사람들이 우리에게 공연 광고가 붙여진 부채를 나눠줬다. 공연을 하는 가수는 한 여성 솔로 가수였는데 특이하게 기모노를 입고 기타를 치며 노래를 하고 있었다. 싱어송라이터 같았다. 꽤 많은 사람이 공연을 진지하게 보고 있었다. 우리도 동영상을 찍으며 구경했다.

길치

우리는 오늘도 돈보리 리버 크루즈를 타기 위해 걸었다. 벌써 2번이나 실패를 했기 때문에 이번만은 꼭 성공하기를 빌었다. 우리는 난바 역으로 가야 했는데, 어제 한 번 가 봤던 길이었는데도 헷갈렸다.

"여기로 가야 할걸?"

난 기억을 더듬으며 안내했다. 하지만 걔는 생각이 달랐다.

"아니다! 이리로 와라. 여기 확실해. 어제 이리로 갔다니까?"

"확실하다고?"

"어."

"진짜 확실해?"

"그렇다니까?"

난 미심쩍었지만, 걔를 따라갔다. 그리고 역시나 이번에도 우리는 틀린 길로 가고 있었다.

"아, 여기가 아니네."

개는 그제야 민망한 듯 웃으며 내가 가자고 한 방향으로 돌아갔다. 이게 벌써 몇 번째인지. 난 답답한 마음을 꾹꾹 눌렀다.

오후 6시. 우리는 돈보리 리버 크루즈를 찾아 헤매기 시작했다. 핸드폰에 배터리가 없어서 지도를 볼 수도 없었다. 난 기억을 더듬으며 길을 안내하려고 했지만, 개는 또 이상한 방향을 향해 앞장서서 걸어가기 시작했다.

"여기가 맞다! 어제 본 곳이라니까? 확실하다!"

그렇게 우리는 돈보리 리버 크루즈와는 전혀 다른 방향에 있는 돈키호테 2호점을 발견했다.

"아니네? 돈키호테가 있어서 맞는 길인 줄 알았다."

개는 또다시 태연하게 돌아서서 말했다. 난 한숨을 쉬고 다시 돌아서서 길을 찾으려고 했다. 그런데 이번에도 개는 내가 안내하는 것을 무시하고 앞장을 서서 걸어가는 것이다.

"흠. 여기 아닌 것 같은데?"

내가 주위를 두리번거리며 말했다.

"여기가 맞다. 어제 다 본 곳이라니까?"

개는 오히려 내게 기억력이 안 좋다면서 나무랐다. 우리가 에비스바시의 낯설고 구석진 곳에 다다라서야 개는 앞장서던 걸음을 멈췄다.

안 되겠다 싶었던 나는 다시 젊은 일본인 여자 둘에게 다가가 길을 물었고, 그들은 자기들이 같은 방향으로 가니깐 우리보고 따라오라고 하며 앞장섰다. 오후 6시 10분. 우리는 돈보리 크루즈 앞에 도착하여 주유 패스를 보여주고 드디어! 6시 20분에 출발하는 크루즈 티켓을 받을 수 있었다.

새드 엔딩

우리는 그동안 쌓인 피로에 다리가 무척 아팠다. 기다리는 시간 동안 필사적으로 어딘가에 앉고 싶었다. 하지만 사람은 너무 많고 의자는 적어서 벤치마다 남는 자리가 없었다. 우리는 한참을 헤매다가 운 좋게 한국인 관광객 3명이 자리를 뜬 벤치에 앉을 수 있게 되었다.

"2분 전이다. 이제 가자."

앉는 것도 잠시. 금방 크루즈 시간이 가까워지고, 우리는 재빨리 선착장으로 향했다. 많은 사람이 배 앞에서 줄을 서고 있었다. 우리도 그 줄에 재빨리 섰다. 근데 시간이 20분이 되어도 사람들의 줄이 줄지를 않는 것이다. 이상한 느낌이 든 나는 줄에서 나와 배 앞으로 다가갔다. 배 안에는 이미 많은 사람이 앉아있었다. 알고 보니 우리가 섰던 줄은 30분 타임 크루즈를 탈 사람들이 벌써 기다리고 있던 줄이었던 것이다. 나는 급한 마음에 재빨리 표를 내밀었다.

"No!"

하지만 직원은 단호했다. 그리고 배가 출발하기 시작했다. 직원은 애걸복걸하는 나를 위해 한 번 배를 멈춰달라고 부탁했지만 배는 멈춰주지 않았다. 나는 다음 타임에라도 타면 안 되냐고 물었다.

"No! Next full!"

그날 No라는 말을 얼마나 많이 들었는지 기억도 안 난다. 남자 직원은 내가 어떤 말을 해도 계속 No라는 말과 Next full이라는 말만 반복했다.

"왜 안 태워준대?"

풀이 죽어서 돌아온 내게 걔가 씩씩대며 물었다.

"우리 줄 잘 못 섰던 거였어. 아니, 저기 다음 타임 사람들이 벌써 줄 서고 있어서 헷갈렸잖아. 다음 타임도 풀이래."

난 낙담하며 대답했다.

"아니, 근데 왜 못 타느냐고. 시간이 있는데."

"다음 타임도 다 솔드 아웃이라니까?"

"아니 근데! 다음 타임이 있잖아."

걔는 자꾸만 내 말을 이해를 못 하고 화를 냈다. 다음 날까지 걔는 이 일에 대해 씩씩댔는데 우리가 20분이 아니라 25분 크루즈인 줄 알고 왜 25분 차인데 21분에 배가 떠나버렸냐고 화를 내는 것이다. 여행을 가면 이렇게 정신이 없어진다.

탐험 게임

돈키호테라고 유명한 드럭스 스토어가 돈보리 리버 크루즈 선착장 바로 옆에 있다. 오직 돈보리 리버 크루즈를 타기 위해 벌써 3번이나 도톤보리에 왔다가 전부 기회를 놓쳐버린 우리는 오늘만 해도 시간을 날린 사건이 너무 많았다. 난 지체할 시간 없이 뭐라도 빨리해야겠다는 생각에 바로 돈키호테로 들어갔다.

돈키호테는 여기가 한국이 아닌가, 착각이 들 정도로 한국인들이 많았다. 거기다가 전혀 빈틈이 없을 정도로 사람들이 꽉 차 있었기 때문에 움직이는 것 자체가 불가능할 정도였다. 걔는 쇼핑하느라 점점 사람들 속에 파묻혀 사라졌다.

'핸드폰도 못 쓰는데 어떡하지?'

우리는 둘 다 배터리가 없었다. 걱정이 됐지만 이미 멀어진 마당에 나도 사람들 선물을 고르면서 점점 사람들 속으로 파묻혀 갔다. 사람이 너무 많아서 한 걸음을 내딛는 것조차 어려웠다. 낑낑대며 사이를 비집고 돌아다니다가 너무 스트레스를 받은 나는 대강 선물을 고르고 사람 많은 1층을 피해 2층에서 정처 없이 떠돌기 시작했다. 움직이기에는 몸이 너무 아프고 그렇다고 어디 앉을 곳도 없었다. 그나마 사람이 가장 없는 화장품 코너에서 가만히 서 있다가 이제 슬슬 걔를 찾아야겠다는 생각에 다시 1층으로 내려갔다. 근데 우연히도 내가 계단을 내려가자마자 걔가 딱 계단 밑에 있었다. 걔는 1층을 돌아다니며 많은 수난을 겪었다고 한다. 자꾸 어떤 아줌마가 자신의 엉덩이를 치고 지나가고, 또 어떤 젊은 또래 여자가 먼저 어깨를 치고선 욕을 했단다. 걔는 많이 화가 나 있었다.

"빨리 나가자."

오후 7시. 우리는 거의 한 시간가량을 거기서 헤매다가 나올 수 있었다. 어려운 게임에서 드디어 탈출한 기분이었다.

프로

모든 일정을 실패한 하루. 이제 우리는 바로 공항으로 바로 갈 것인지 아니면 오사카에서 밤을 새우고 아침 일찍 리무진 버스를 타고 공항에 갈 것인지를 정해야 했다.

"뭐가 좋아?"

난 걔에게 두 가지 상황에 따라 어떻게 일정이 진행될 것인지 설명해 주고 의견을 물었다.

"음, 난 온천에 가고 싶다."

걔가 대답했다.

"그래. 그럼 오사카에서 밤새는 거로?"

우리는 너무 노곤했기 때문에 온천에 가고 싶었는데, 그전에 '화이티 우메다'라고 지하상가가 우메다역에 있다는 정보를 알고 있었기 때문에 온천에 가기 전에 그곳에 들러서 새 옷을 산 후 온천에서 나온 후 그 옷으로 갈아입자는 것이 우리의 계획이었다.

오후 7시 38분. 우리는 우메다역에 도착하였다. 퇴근하는 사람들이 정말 많았다. 신기한 일이 있었는데 역 주위에서 신문을 나눠주는 사람들이 있었다. 일본 사람들은 신문을 피하느라 바빴지만 난 신기해서 기다렸다가 신문을 하나 받았다. 스모선수에 대한 두 장짜리 신문이었다. 별 내용은 없었다.

또 길을 물어보다가 겪었던 사건 한 가지가 있다. 역 안에 있는 옷가게에서 마치 파리가 앵앵거리는 것 같은 목소리를 내는 여직원분이 있었다. 나는 그분께 길을 물어봤는데 여직원분은 아까와는 전혀 다른 차분하고 나긋나긋한 조용한 목소리를 내며 친절하게 대답해주셨다. 우리가 고맙다고 인사하고 자리를 뜨자 다시 앵앵거리는 커다란 소리로 손님을 끌어모으고 있었다. 그곳은 대단히 인기 많은 가게도 아니고 그냥 작은 옷가게였다. 하지만 그런 것에 상관없이 이렇게 자신의 목소리와 전혀 다른, 별로 좋은 목소리가 아닌 소리를 내며 목이 상할 것 같이 열심히 일하시는 모습을 보니 프로 의식이 굉장히 대단하다는 생각이 들었다. 너무 멋져서 나도 나를 되돌아보고 저런 프로의식을 갖추는 사람이 되어야겠다는 생각이 들었다.

경찰을 만나다

오후 7시 50분. 우리는 인포메이션 센터에 가서 리무진 버스의 시간부터 알아봤다. 막차는 9시쯤에 있었고 첫차는 새벽 3시쯤부터 있었다. 그 후 역을 나와 길가를 지나다니는 사람들에게 '화이티 우메다' 가는 길을 물었다. 하지만 아무도 '화이티 우메다'를 알아듣지 못했다. 우리는 인포메이션 센터로 향했다. 직원은 우리에게 작은 지도를 주며 설명을 해 줬다.

"24시간 카페도 물어봐라."

옆에 있던 걔가 내게 말했다. 우리는 밤을 새워야 했기 때문에 24시간 동안 운영되는 어딘가에 있는 것이 안전할 것 같았다. 직원은 카페는 없고 맥도날드가 근처에 있다고 대답했다.

"이따 거기서 쉬면 되겠다."

우리는 다시 역을 나와 길을 찾기 시작했다. 하지만 머지않아 복잡한 역 주변에서 다시 길을 물어봐야만 했다. 나는 주변을 두리번거리다가 우리 쪽으로 다가오는 경찰을 발견했다. 아주 천천히, 당당한 걸음으로 걸어와서 슬로우 모션을 보는 줄 알았다. 게임 캐릭터들 같았다. 한 명은 나이 있는 뚱뚱한 남자 경찰이었고 또 한 명은 젊은 여자 경찰이었다. 난 여자 경찰분께 길을 물었는데, 무서울 것 같아서 조금 걱정했는데 굉장히 친절하셨다. 하지만 영어를 잘하지 못하셨다. 여자 경찰분은 우리에게 보라색 라인의 지하철로 내려가서 왼쪽으로 가라고 설명해 줬는데, 이 때 left라는 말을 떠올리지 못하고 당황해했다. 그분은 친절하게 우리를 보내주고는 길거리 공연을 하는 사람을 향해 다시 걸어갔다. 길거리 공연을 허가 없이 하고 있었나 보다. 그 경찰분이 착하기는 했지만 궁핍한 환경에서 길거리 공연을 하던 사람이 경찰에게 훈계를 듣고 관객들에게 죄송하다고 인사하는 모습이 왠지 마음 아팠다.

실패의 끝은 어디인가

지하철 밑으로 내려가서 오른쪽으로 빠지면 영어로 '화이티'라고 적혀 있는
간판이 위에 설치되어 있다. 가는 길에 사람이 너무 많아서 힘들었다. 화이티
우메다는 지하상가 느낌이 아니라 백화점같이 고급스럽게 되어 있는 모습이
었다. 하지만 그래서 그런지 가격도 굉장히 비쌌다. 별로 대단해 보이지 않는
원피스 하나에 6,500엔이나 했다. 거의 7만 원을 하는 것인데, 한국의 지하상가
와는 비교도 안 되게 비쌌다. 거기에 길이가 50m도 되지 않게 짧았다. 정말 볼
게 없었다. 문득 이곳이 왜 가이드 책마다 빠지지 않고 나온 건지 이해가 되지
않았다.

오후 8시 20분. 우리는 하는 수 없이 힘든 몸을 이끌고 열심히 찾아 헤맸던
화이티 우메다를 떠났다.

전염

옷을 사는 계획에 실패하고, 우리는 역으로 돌아와 코인 라커로 향했다. 온
천에 가기 전에 마지막으로 짐 정리를 한 후 리무진 버스 승차장 앞에 다시 짐
을 맡겨두고 온천을 향할 계획이었다.

"아까 그 낭만 계단 있잖아. 거기서 짐 정리 하자."

내가 걔에게 제안했다. 그런데 걔는 짜증이 났는지 표정을 꽉 찡그리며 싫은
티를 냈다.

"굳이 거기까지 가야 되나?"

걔가 말했다.

"그냥 한 층만 위로 올라가면 되는데?"

내가 대답했지만 걔는 여전히 심통이 나있었다. 난 차근차근 내 상황을 설명
해줬다.

"온천에 가서 옷을 갈아입고 싶은데, 그럼 캐리어를 활짝 열고 제대로 정리
할 수 있는 장소에 가야 해. 내가 지금 이틀째 땀에 범벅이 된 거 그냥 입고 있
단 말이야. 하루 더 입기는 너무 찜찜해."

"왜. 그냥 입어라."

하지만 걔는 쌀쌀맞게 대답했다.

"여기에 옷을 꺼낼만한 장소가 어디 있어? 그런데 없지."

걔의 목소리는 단호했다. 결국, 난 알겠다고 하고 걔가 앞장서는 길을 따랐다. 하지만 뒤늦게 알고 보니 걔는 내 말을 제대로 듣지 않아서 내가 그 계단을 말하고 있는 줄도 몰랐다고 한다.

가는 길에 길거리 공연을 하다가 경찰에게 걸린 사람이 쓸쓸하게 역 안으로 들어가는 모습을 봤다. 아까 잡혔는데 이제야 돌아가는 것을 보니 경찰 조사가 길었나 보다. 마음이 아팠다.

걔가 간 곳은 대리석으로 되어 있는 원기둥 모양 의자가 3~4개 있는 곳이었다. 사람들이 많이 지나다니는 뻥 뚫린 곳이라 캐리어를 활짝 열고 짐을 정리할 수가 없었다. 옷을 꺼내지 못하게 된 나는 딱히 할 게 없어서 금방 짐 정리를 마무리했다. 걔가 행동이 느린 편이라서 짐 정리하는 걸 가만히 기다리고 있는데 나도 갑자기 짜증이 났다. 나는 남이 기뻐하면 같이 기쁘고 남이 화를 내면 나도 갑자기 짜증이 난다. 남의 감정이 전염병처럼 옮는 느낌이다. 근데 걔는 여행에서 받는 피곤함을 그대로 나한테 풀었다. 내가 잘못한 게 뭐가 있다고! 이해가 가지 않았다. 계속해서 참으려고 노력했지만, 여행 시작부터 끊임없이 이어지니 힘들었다. 안 그래도 여행 전반적인 것들을 책임지고 있어서 몸도 정신도 고됐는데 화풀이까지 다 받으니까 덩달아 짜증이 커졌다.

감정

오후 9시 20분, 우리는 한참 걸은 끝에 드디어 버스 터미널같이 생긴 곳을 발견하게 되었다. 나는 안으로 들어가 두리번거렸다. 그랬더니 직원 할아버지가 내게 손짓을 하셨다. 내가 다가가서 리무진 버스 시간표를 보여주며 여기가 맞냐고 물어보니까 여기는 일본을 돌아다니는 버스 터미널이고, 리무진 버스 승차장은 앞에 있는 호텔 쪽으로 가야 한다고 할아버지는 친절하게 설명해 주셨

다. 난 감사하다고 인사하고 걔에게 다시 돌아가 상황을 설명해줬다.

"저기 코인 라커에 짐 맡기고 가자."

그랬더니 걔가 이렇게 말하는 것이다.

"근데 짐 정리 다시 하면 안 되나? 나 갈아입을 옷이 있다는 게 생각났다."

걔는 이어서 이렇게 말했다. 자기가 갈아입을 옷이 없는 줄 알고 아까 대충 짐 정리를 한 건데, 지금 온천에 가서 갈아입을 옷이 있다는 게 기억이 났으니 여기서 짐 정리를 다시 하자는 것이었다. 난 그 말을 듣고 솔직히 기분이 상했다. 내가 아까 갈아입을 옷이 있으니까 제대로 된 곳에서 짐 정리를 하면 안 되냐고 물었더니 지금 여기서 짐 정리할 곳이 어디 있고, 또 우리한테 시간이 어디 있으며, 피곤하니 나보고 옷을 하루 더 입으라고 성의 없이 대답해 놓고서 지금 자기가 새로 입을 옷이 있다는 게 기억이 났으니 자기는 짐 정리를 해야 겠다는 거다. 거기다 이곳은 아까보다 더 정신없고 깔끔하지 않고 너저분한 분위기였다. 난 너무 서운했지만, 차근차근 대답해 줬다.

"우리 근데 지금 시간이 없잖아. 여기 사람 많아서 정리할 만한 곳도 없고. 나도 그냥 이틀 땀에 젖은 옷 또 입을 거야. 그냥 한 번만 입자."

"흠……."

걔는 표정을 찡그리고 말이 없었다.

"온천 그냥 안 가면 안 되나? 피곤한데."

한참 후에 걘 이렇게 말했다. 난 다시 터질 것 같은 화를 참아야 했다. 아까 걔에게 의견을 물었을 때 온천에 가자고 한 사람은 바로 걔였다. 근데 이제 와서 막차마저 끊긴 시간에 갑자기 온천에 가기 피곤해졌다는 것이다.

"내가 아까 물어봤을 때 네가 온천 가고 싶다고 그랬잖아. 그래서 지금 이렇게 리무진 버스에 짐 맡기고 온천 가려고 우리가 하고 있지? 애초에 그럴 거면 우리 화이티 우메다도 안 가고 바로 공항으로 갔지. 안 그래? 그냥 가자. 가서 온천욕 하면 또 좋아질 거야."

"그래……. 알았다."

걔는 하는 수 없다는 듯이 대답했다. 나도 기운이 빠져서 한숨이 나왔다. 9시 30분. 우리는 코인 라커에 짐을 맡기고 그곳에서 벗어났다.

고조

난 온천에 가기 전에 정확한 리무진 버스 승차장의 위치를 파악하고 가기 위해 호텔로 향했다.

"야. 야! 어디 가느냐고."

그러자 뒤에서 또다시 짜증 가득한 목소리가 들렸다.

"어?"

나는 기분이 상했지만 참고 뒤돌아봤다.

"우리 리무진 승차장 위치 알아보려고 간다고 했잖아."

난 아까 했던 말을 또 반복해서 말했다.

"아, 난 또 어디 가나 했지."

걔가 대답했다. 난 자꾸 화가 나서 너무 힘들었다. 도움도 주지 않으면서, 미안해하거나 고마워한 적도 한 번도 없고, 온종일 이렇게 짜증만 낼 거면 왜 하루를 더 연장하자고 날 설득시킨 건지 모르겠다는 생각이 들었다. 그렇다고 나까지 짜증을 내면 안 그래도 엉망인 여행이 산산조각이 날 것 같아서 난 여행만 끝나고 얘기해 보자는 생각으로 꾹 참았다.

작은 치유

난 우연히 길을 물어보게 된 친절한 사람들에게 여러 가지 상처받은 마음을 치유 받게 된 일이 있었다.

첫 번째는 리무진 버스 승차장에 있는 호텔의 직원이었다. 난 티켓을 어디서 사고, 버스는 어디서 타는 것이며, 내일 새벽에 탈 티켓을 오늘 살 수 있는지를 물었다. 직원은 호텔 바로 앞에 버스 승차장과 티켓 머신이 있는데 그 날 티켓은 그 날에만 살 수가 있다고 말해줬다. 난 고맙다고 인사를 하고 걔를 향해 돌아봤다.

"티켓 머신이 정확하게 어디 있는지 보고 가자."

"그래."

우리는 재빨리 발걸음을 옮겼다. 그런데 뒤에서 누군가 따라오는 듯한 느낌이 드는 것이다. 이상했지만 계속해서 앞을 향해 걸어갔는데, 딱 호텔 문을 나와 버스 승차장 앞에 다가서는 순간 그 직원이 나를 부르고 티켓은 당일에만 살 수 있다고 다시 내게 말해주었다. 우리가 걱정되기는 한데 선뜻 먼저 말해주기가 그래서 우리를 따라온 모양이었다. 난 그 마음에 감동해서 고맙다고 인사를 하고 우리는 그냥 위치를 파악하고 싶어서 가는 것이라고 설명을 해줬다. 그랬더니 직원은 부끄러워하며 다시 웃으면서 호텔 안으로 들어갔다.

두 번째. 오후 9시 50분에 우리는 온천으로 가는 버스 정류장으로 향했다. 난 정확히 하기 위해 옆에 있는 한 아주머니분에게 이곳이 나니와노유 온천을 가는 버스가 맞냐고 물었다. "나니아오유. 나니하. 나닌오유." 피곤해서 자꾸만 말이 꼬였는데 아주머니는 열심히 들어 주었다. 아주머니는 맞다고 대답하고 그 이후로도 내게 여러 가지로 말을 걸어 주었다. 일본어로 하셔서 뭐라고 하는지 알아들을 수는 없었으나 걱정하지 말라고, 안심해도 된다고 하신 것 같다. 난 알아들은 척을 하며 감사하다고 대답했다. 마침 버스에 자리가 나고, 우리 둘은 빈자리에 가서 앉았다. 나는 버스 안내 방송을 귀 기울여 듣고 있었다. 그런데 잠시 후 아주머니가 우리 앞으로 다가오는 것이다. 아주머니는 우리에게 곧 내릴 차례가 온다고 알려주셨다. 나는 감사하다고 인사하고 일어나서 아주머니께 자리에 앉으시라고 얘기했다. 그랬더니 아주머니는 됐다고 나보고 앉으라고 말씀하셨다. 우리가 내리자 그때야 우리가 앉던 자리에 앉으시고는 잘 가라고 인사했다. 어디든지 따뜻한 사람이 있기에 여행을 하는 맛이 나는 것 같다.

신비의 탕

오후 10시. 우리는 나니와노유 온천에 도착했다. 사람이 아주 많았다. 수건을 사러 카운터에서 돈을 계산하는데 내 바로 앞에 누군가 놓고 간 반지가 있었다. 반지를 줍자마자 난 직원에게 말을 걸었지만, 일본어로 뭐라고 해야 할지 몰라서 버벅거리며 반지를 건넸다. 다행히 직원은 알아듣고 고맙다고 했다.

우선 온천탕 안에 들어가기 전에 몸을 씻어야 했는데 샤워기의 수압이 너무 셌다. 난 그 힘에 못 이겨서 자꾸만 씻는 와중에 샤워기를 놓쳤다. 그러다가 옆에 있던 나이 많은 할머니에게 살짝 물을 뿌리게 되었다. 할머니는 깜짝 놀라서 나를 바라보셨고 나는 당황스러운 얼굴로 할머니께 사과했다. 그러자 할머니는 내게 샤워기를 걸어두는 곳을 가리키면서 여기에다가 걸어두고 샤워를 하면 좋을 거라고 알려주셨다. 내가 할머니의 말을 알아들었다니! 할머니의 친절도 감사했지만, 말을 알아들은 게 너무 재밌었다. 감사하다고 인사를 하고 후다닥 씻은 후 다양한 탕을 돌아다녔다.

안에는 향기로운 차 향이 나는 탕, 요구르트 냄새가 나는 탕, 난 별로 안 좋아하는 냉탕, 보글보글 끓는 느낌이 좋은 탕, 제일 뜨거운 탕이 있었고, 야외에는 1인용 탕 외에 평범한 두 개의 탕이 있었다. 난 요거트와 차 향이 나는 탕과 1인용 탕이 제일 좋았다.

온천은 새벽 1시까지 운영이 되는 것이었지만 우리는 저녁을 먹지 않은 관계로 야식을 먹으러 가기 위해 10시 50분에 할 수 없이 탕에서 나왔다. 마음 같아서는 문 닫을 때까지 버티고 싶었지만, 밤을 새려면 밥을 먹어야 할 것 같아서 막차가 끊기기 전에 이동해야 했다. 우리는 눈물을 머금고 편안하고 노곤함을 풀어주는 온천을 나왔다.

샤워하니깐 너무 상쾌하고 기분이 좋았다. 우리 둘 다 온천에 오기를 정말 잘했다는 생각을 했다. 오늘 하루 동안 꾹 참았던 모든 힘들었던 일들을 다 씻겨 내려주고 새로운 아침을 맞이하는 기분이었다. 우리의 사이 역시 마법처럼 풀어졌다.

버팀목

온천을 나온 우리는 한큐 히가시도리 상점가라는 곳을 향해 갔다. 이곳 역시 여행 가이드 책마다 빠지지 않고 나오던 유명한 장소로, 야식을 먹기 좋은 곳이었다.

"딱이다!"

내 설명을 들은 걔는 아주 기뻐했다. 온천을 나오자마자 길을 찾던 나는 한큐 히가시도리가 언제까지 여는 것인지 살짝 걱정됐다.

"저기 교통정리 하고 있는 경찰분한테 물어봐라."

걔가 말했다.

"교통정리 하고 있는데, 업무 중에 말을 걸어도 되나?"

난 걱정스러운 마음에 물었다.

"괜찮다, 괜찮다. 해 봐라."

나는 후다닥 아저씨에게 다가가 한큐 히가시도리에 관해 물었다. 아저씨는 교통정리를 하다 말고 내가 보여 준 지도를 살펴보며 고개를 갸우뚱거렸다. 조용한 1분이 흐른 뒤에 아저씨는 모르겠다고 하며 미안하다고 대답했다.

'한큐 히가시도리 상점가를 모른다고?'

나는 걱정이 되기 시작했다. 일본 현지인들한테는 안 유명한 곳이면 어떡하

지? 또 실패하게 될까 봐 두려웠다.

"우선 가고 보자."

그러자 걔가 말했다.

"그래."

우선은 부딪혀보자는 마음으로 지도를 보고 길을 찾기 시작했다. 그렇게 우리의 밤샘 여행이 본격적으로 시작되었다.

"우와 봤어?"

"뭐를?"

"경찰이 자전거 타고 지나갔어!"

"아, 그래?"

걔는 별 감흥이 없는 듯 반응이 없었지만 난 신이 나서 계속 주변을 두리번 거렸다. 난 그런 것들이 재미있었다. 인간적이고 사소한데 신기한 것들 말이다. 일본 현지인들에게 길을 물으면서 말을 걸어 보고 그들의 각기 다른 성격을 느끼고 친절함에 감동하고 인사하는 것이 재밌었다. 그 때문에 이 기나긴 실패의 연속을 긍정적인 마음으로 버틸 수 있었던 것 같다.

밤샘 여행

온천이 선물한 행복한 기분은 다리의 통증이 금방 훔쳐 달아나기 시작했다. 우린 아픈 다리를 이끌고 지하철을 탔다. 늦은 시간이라 그런지 빈자리가 많았다. 그 와중에 난 독특한 광경을 목격하게 되었다.

"어?"

"콘트라베이스다."

누군가 거대한 콘트라베이스를 들고 안으로 들어온 것이다. 나는 콘트라베이스를 태어나서 실제로 처음 봤다.

"설마 알고 보니 엄청 유명한 사람 아니야?"

걔가 장난을 치며 말했다.

"그럴 수도 있어!"

난 눈을 반짝이며 대답했다. 우리 둘은 그 사람을 멀찍이서 구경했다. 그분이 금방 내려서 아쉬웠다.

오후 11시 50분. 막차를 앞둔 수많은 사람은 새벽을 즐기러 가는 우리와 정반대로 쏟아져 나오기 시작했다. 급한 표정으로 모두 달리느라 정신없었다. 걔는 그 사람들을 구경하며 일본인들이 화장하는 방식을 부러워했다.

"일본인들은 연한 화장을 좋아하고 애쉬 머리색을 좋아하는 것 같다."

걔가 말했다.

"나도 저런 화장이 잘 어울리면 좋겠다."

"그러게."

일본의 유행에 대해 얘기를 하다 새벽 12시, 우리는 히가시도리의 시작을 맞았다.

예감 적중

난 걔에게 신이 나서 히가시도리를 가자고 제안했었다.

"우리 히가시도리 상점가 가는 거 어때?"

"거기가 어딘데?"

"우메다 쪽에 히가시도리 상점가라고 야식거리가 있다고 하거든. 거의 다 안주 파는 곳들이고 도톤보리의 우메다 버전이라고도 한데."

"오오, 좋다, 좋다!"

그렇게 기대를 안고 향했지만, 시작부터 이곳은 내게 큰 실망감을 주었다. 많은 사람이 시간, 장소를 가리지 않고 담배를 피우고 다녔다. 공기가 너무 탁했다. 거의 술집들이었기 때문에 음식은 빈약하고 술 종류만 많은 곳이 대부분이고 가격도 주 고객이 회사원이라서 그런지 비싼 곳들이 많았다.

무엇보다 가장 큰 특징은 이것이었다. 이곳에는 불량한 어른들이 너무 많았다. 다 술에 취해서 시끄럽게 떠들며 돌아다니는 직장인들이었다. 혼자 다니면

너무 위험할 것 같았다. 난 술에 취한 상태로 이상한 짓을 하는 사람이 있을까 봐 너무 걱정됐다. 이곳에는 클럽 웨이터들도 아주 많았는데, 검정 정장을 빼입고 거리를 돌아다니며 자기들끼리 번호를 교환하고 무서운 분위기를 조성하였다. 길거리에서 바지를 내리고 속옷을 다듬는 웨이터까지 있었다. 한 편에서는 여자 5명 정도가 길가에 서서 남자가 지나가자마자 쩌렁쩌렁한 목소리를 내며 손을 흔들고 자신의 유흥업소로 들어오라고 부르는 모습도 바로 옆에서 목격했다. 정신없고 어둡고 으슥하고 탁한 분위기에 깜깜한 밤이라 더 무서웠다. 아까 길을 물었을 때 이곳을 모르셨던 경찰 아저씨가 떠올랐다. 그때 불길한 예감을 믿었어야 했나 보다.

양아치

다리는 다리대로 아프지, 거리는 탁하고 무섭지, 먹을 만한 곳도 딱히 없지. 우리는 의욕을 잃고 한 음식점 안으로 들어갔다. 그곳은 거대한 음식을 만드는 식당으로 유명한 모양인지 10인분 타코야키, 10인분 라멘 같은 요리들이 많았다. 우리 둘이 10인분을 먹을 수는 없었으므로 메뉴판에서 보통 크기 음식들을 찾아봤다. 종류가 많기는 했는데 정작 먹을 만한 게 없었다.

"우선은 한 두 개만 시켜보고 괜찮으면 더 시키자."

걔가 말했다.

"그러자."

어렵게 메뉴를 고르고 있는데 직원이 주문하라고 다가왔다. 친절하지도 않고 재촉을 하며 눈치를 줘서 할 수 없이 급하게 메뉴를 골랐다. 거기다가 음식들은 너무 성의 없고 품질이 낮았다. 우리는 오이 김밥을 시켰는데 아주 조그만 미니 김밥의 크기에 밥 위에 달랑 작은 오이 조각 하나가 들어있고 와사비와 간장을 찍어 먹으라고 주는 것이었다. 오이도 손톱만 한 크기밖에 되지 않았다. 타코야키는 현지에서 먹는 것인 만큼 기대를 했는데, 우리나라에서 PC방 아르바이트를 할 때 냉동 타코야키를 녹여서 서빙 했던 것과 맛이 똑같았다. 문어도 조각 하나가 들어있는데 너무 작아서 맛도 안 났다. 최악이었다.

"어떡할래?"

우리는 이곳에 더 이상 있고 싶지가 않았다. 손님들이 담배를 피워서 냄새도 지독했다. 시켰던 술을 재빨리 비워버리고 새벽 1시에 가게를 나왔다. (참고로 식당에서 신분증 검사를 하지 않아서 술을 마실 수 있었다.)

마지막 밥

우리는 잇푸도 라멘이라는 라멘 집에 도착했다. 가까운 음식점을 찾다가 운 좋게 발견한 곳인데 현지인들이 정말 좋아하는 라멘집이라고 한다. 준도야 라멘부터 시작해서 벌써 두 번째다! 라멘 킬러로서 난 너무 신났다. 평일에는 새벽 3시까지, 금요일에는 새벽 4시까지 운영하는 곳인데, 안이 너무 시원해서 문 닫을 때까지 버티고 앉아 있고 싶었다.

들어가자마자 식당은 손님들로 꽉 차 있었다. 그래서 시끄러웠다. 일본인들이 시끄러운 모습을 보니 신기하고 또, 그 시간에 그렇게 많은 사람이 라멘을 먹으러 온다는 게 신기했다. 죄다 흰색 셔츠를 입은 남자 회사원들이었다.

"술 먹고 해장하러 왔거나 회사 끝나고 뒤늦게 밥 먹으러 온 사람들인 것 같다."

걔가 말했다. 신기할 정도로 그 모든 회사원은 똑같은 옷을 입고 있었다. 회사원도 교복처럼 옷을 통일해서 입나, 하는 생각이 들 정도였다.

가게에서는 재즈 노래가 나오고 있었다. 트럼본 연주곡이었다. 보통은 대중가요가 나올 텐데 재즈가 나오는 게 특이했다. 재즈 음악이 너무 듣기 좋았다.

우리는 직원에게 메뉴판을 받았는데 읽지도 못하는 일본어 메뉴판이었기 때문에 둘이 머리를 맞대고 사진을 보며 라멘 종류에 대해 추측하고 있었다. 그러자 어떤 직원분이 한국어 메뉴판을 거칠게 턱! 하고 건네주었다.

'뭐지?'

투박하게 생기신 젊은 남자분이었는데 쌀쌀맞게 잘해주는 게 뭔가 웃겨서 혼자 웃었다.

준도야 라멘에서는 매운 맛 라멘을 먹어봤기 때문에 이번에는 평범한 돈코츠 라멘(1020엔)을 시켰다. 걔는 나와 똑같은 메뉴에 파(80엔)를 추가하겠다고 했다. 우리가 주문을 하기 위해 두리번거리니 한 남자 직원분이 다가오셨다. 난 일본어를 한 번 사용해 보고 싶어서 돈코츠 라멘 2개를 달라는 말을 속으로 생각했다.

"고레, 이찌(いち)!"

근데 손가락은 두 개를 펴고 입으로는 1을 말한 것이다. 직원은 웃으면서 갸우뚱거리며 하나를 달라는 거냐고 물었다.

"아, 니(に)!"

난 빨리 2라고 말을 바꿨다. 잊지 않고 파를 추가하는 것도 얘기했다. 직원은 웃으면서 알겠다고 하고 가셨다. 라멘이 생각보다 일찍 나오고, 나는 기대하는 마음으로 라멘을 흡입하며 먹기 시작했다. 내가 고등학교 3학년 때 너무너무 좋아했던 라멘집의 맛이 생각났다. 그곳과 육수 맛이 비슷했는데 고기 맛과 그 외의 것들은 또 달랐다. 오이장아찌와 콩나물무침이 반찬으로 나와서 너무 맛있었고, 라멘 안에 고사리가 있는 게 신기했다. 삶은 달걀은 노른자가 다 익지 않은 것이었는데 입에서 살살 녹았다. 제일 좋았던 건 내가 좋아하는 고기가 5개나 있었다! 먹어도, 먹어도 끝도 없이 고기가 남아서 너무 행복했다.

하지만 라멘이 반 이상이나 남았는데 너무 배불러서 더 이상 먹을 수가 없었다. 이렇게 맛있는데 너무 아까운 거다. 아까 그 돈만 날린 식당을 가지만 않았어도 배부르게 질 좋은 음식을 먹었을 텐데. 버티고 버티다가 결국 배가 터질 것 같아서 계산하러 갔다. 직원분은 아까 내가 주문을 틀리게 했을 때의 직원분이셨는데 나랑 대화하고 싶어 하는 것 같았다. 눈빛을 반짝이며 내가 돈 꺼내는 것도 신기하게 보고, 말도 걸었지만 난 그때 너무 피곤해서 쓰러질 것 같았기 때문에 힘없이 인사하고 가게를 떠났다. 좀 더 일본어를 써 볼 걸 살짝 후회된다.

새벽의 일본은?

"우리 어디서 자면 안 되나."

걔가 말했다.

"지금?"

"응, 피곤하다. 어디라도 자러 가자."

난 이 상태에서 잠들어 버리면 공항 시간 전까지 일어나지 못할 것 같은 느낌이 들었다. 적어도 오전 8시까지는 공항에 도착해야 했는데 우리는 그동안 항상 오전 10시쯤에 기상을 했기 때문이다. 내가 반응이 없으니 걔는 스스로 정보를 열심히 찾기 시작했다. 하지만 난 그냥 공항에서 밤을 새우자고 얘기했다. 그러자 걔는 뾰로통한 얼굴로 알겠다고 대답을 했다. 거기서부터 다시 분위기가 안 좋아졌다.

식당과 리무진 버스 승차장까지의 거리가 가까워서 우리는 걷기 시작했는데 늦은 시간에 깊숙하고 무서운 길이 계속 이어져서 여러 가지로 신경을 써야 했다. 일본의 새벽은 굉장히 위험했다. 새벽 2시 15분. 미술관 같은 곳을 지나는데 거기에 경비원 아저씨가 있어서 난 길을 물어봤다. 아저씨는 내게 친절하게 대답을 해 주시면서도 계속해서 한 무리를 날카롭게 바라보고 계셨다. 술 취한 10명 정도 되어 보이는 직장인들이 서로 시끄럽게 떠들고 돌아다니고 길바닥 위에서 절을 하고 난리가 난 것이다. 그중에 2명 정도 되는 남자 둘이 윗옷을 벗고 우리 앞에 지나가는 한 젊은 일본 여성 두 명에게 작업을 걸며 따라왔다. 일본 여성 두 명이 끝까지 모른 척하자 남자들은 낄낄대며 다시 돌아갔다. 또 한 번은 30대 중반에서 40대 정도 되어 보이는 남자 두 명이 우리에게 다가와 말을 걸었다. 딱 봐도 정상적인 목적이 아니라는 게 느껴져서 나는 걔를 데리고 빠른 걸음으로 둘을 피해 갔다. 그 후 목적지에 도착하고 이제 안심하고 싶었지만, 우리가 간 터미널에는 노숙자들의 행렬이 끝도 없이 이어지고 있었다. 30~40명 정도 되어 보이는 노숙자들이 자리를 잡고 누워서 자고 있었는데 냄새도 심하고 위험했다. 안내원도 하나 없었다.

2시 35분, 우리는 코인 라커 위치를 다시 한번 확인하고 물을 사 먹기 위해 편의점을 찾았다. 아까 가기로 했던 24시간 맥도날드는 지도에 나오지 않아서 어쩔 수 없이 가지 못했다. 제일 가까이에 있는 편의점 두 군데를 다 가 보았는데 앉을 의자가 있는 편의점은 없었다. 앞으로 리무진 버스 첫차 시간까지 1시간이 남았는데 다리가 너무 아파서 미칠 것 같았다. 우리는 각각 물 한 병씩을 사고 무거운 걸음으로 리무진 버스 승차장을 향했다.

04
싸움

카운트다운

—

새벽 3시. 우리는 짐을 가지러 가기 위해 코인 라커로 향했다. 700엔의 초과 요금이 나왔다. 캐리어를 끌고 나와 리무진 승차장으로 향하는 길, 터미널 쪽에서 리무진 승차장을 가기 위해서는 호텔 안을 가로질러 가야 했다.

"호텔 문 닫혔다. 못 가."

걔가 말했다.

"그럴 리가."

나는 멀리 있는 호텔 문을 보며 중얼거렸다.

"못 간다니까?"

"호텔 안에 손님이 있을 텐데 문이 잠겨?"

우리는 호텔을 가만히 바라봤다. 난 설마, 하면서 호텔로 다가갔고 자동문은 다행히 열렸다.

"뭐야, 되잖아!"

투덕거리며 티켓 부스에 도착했는데, 티켓 머신의 셔터가 내려가 있었다. 아직 이른 시간이라 열리지 않은 건가, 하는 생각으로 우선 그곳에서 기다려 보기로 했다. 버스가 올 때까지 40분 정도의 시간이 남아서 난 돈 계산을 하기 위해 급히 메모장을 정리하며 계산기를 열심히 두드렸다.

"총정리해 봤는데, 네가 나한테 507엔 주면 돼."

내가 말했다.

"내가 아까 너한테 대신 내준 거, 그거는 계산했나?"

그랬더니 걔가 표정을 팍 찡그리며 물었다.

"어, 내가 다 계산했다고 했잖아. 하나도 안 빼먹고 했어."

벌써 몇 번째 반복하는 일인지. 난 서운함을 참고 걔에게 설명해줬다.

"지금 당장 동전이 없다. 조금 있다가 줄게."

"알았어."

리무진 승차장에는 우리보다 더 일찍 와서 대기하는 사람이 한 명 있었다. 3시 19분, 또 다른 일본인 2명이 커다란 캐리어를 들고 우리 뒤에 줄을 섰다. 그런데 아직도 셔터는 올라갈 생각이 없었다. 약간 불안해지기 시작했다. 잠시 후 한 젊은 경비원이 우리에게 다가왔다. 그는 티켓 머신 뒤편에 또 다른 티켓 머신 하나가 더 있다고 말했다. 다행이었다. 우리는 우르르 그곳으로 향했다. 난 내 티켓을 먼저 사고 걔에게 자리를 비켜줬다.

"나 1,000엔만 빌려줘라. 한국 가서 만 원 줄게."

근데 갑자기 걔가 이런 말을 하는 것이다.

"왜?"

"나 지금 5,000엔 밖에 없다."

걔가 대답했다. 나는 5,000엔이 있는데 1,000엔을 빌리는 게 이해가 안 됐다. 돈이 4,000엔이나 더 있는데, 환율도 다른데 굳이 빌려줘야 하는 건가 싶었다. 그러자 걔가 표정을 찡그리며 나를 노려봤다.

"내가 환율까지 계산해서 줄게!"

걔는 화를 내며 말했다. 왜 그렇게까지 화를 내는지 모르겠지만 난 급하게 걔를 말렸다.

"저 티켓 머신에서 지폐는 안 나오고 동전만 나온단 말이야!"

걔는 티켓 머신에서 모든 거스름돈이 동전으로만 나오기 때문에 5,000엔을 깨면 그 수많은 동전을 자기가 감당할 수 없다고 했다.

"세상에 그런 티켓 머신이 어디 있어?"

"그렇다니까?"

나는 말도 안 된다고 했지만, 걔는 화를 내며 확고하게 말했다.

"알았어, 여기."

난 걔에게 1,000엔을 건넸다. 하지만 걔는 여전히 티켓을 사지 않고 가만히 서 있었다.

"됐다. 그냥 내 5,000엔 깨서 쓸게."

걔는 내게 1,000엔을 돌려주며 짜증 섞인 목소리로 말했다.

"아니야, 쓰라니까."

난 내가 잘못을 한 것 같아서 걔를 말리며 걱정했다.

"아니, 나 동전도 어차피 없네."

걔가 말했다. 버스 티켓이 1,000엔을 조금 넘는데 동전이 없어서 어차피 5,000엔을 깨야 하는 상황이 된 것이다. 근데 걔는 애꿎은 내게 화풀이를 한 것이고, 난 거기서 기분이 나빴다.

개는 티켓 머신에 5,000엔을 넣고 계산했다. 나는 걱정되는 마음으로 거스름돈이 어떻게 나오는지를 지켜봤다. 허무하게도 거스름돈은 지폐와 동전으로 깔끔하게 나뉘어서 나왔다.

"아, 지폐도 나오네?"

개는 민망한지 표정을 삐죽거리며 중얼거렸다.

'뭐야!'

난 겉으로 화도 못 내고 속으로 황당해하며 개를 바라봤다. 대체 왜 정확하지도 않은데 자꾸 우기고 화를 내는 건지, 기분이 나빴다. 지쳐서 점점 기운도 빠졌다.

3시 30분. 우리는 다시 버스 승차장 앞으로 돌아갔다. 개는 기분이 안 좋은지 말없이 핸드폰만 바라보고 있었다. 난 분위기를 풀어야 할 것 같다는 생각이 들었다.

"뭐해?"

난 밝게 말을 걸었다.

"됐다."

하지만 개는 대화하고 싶지 않았나 보다.

'뭐하냐고 물어봤는데 됐다는 뭐지? 내가 뭘 잘못했다고 화를 내는 거지?'

나도 화가 나기 시작했다. 속으로만 참아가며 버스를 기다리고 있는데 아까 봤던 젊은 경비원이 우리에게 다가왔다. 경비원은 우리에게 어디로 가는지 물었다. 내가 간사이 공항으로 간다고 대답하자 경비원은 우리 캐리어에 파란색 번호표를 붙여 주었다. 그런데 우리 앞에 서 있는 일본인 여성 두 명에게는 분홍색 번호표를 붙여 주는 것이다.

"저거 왜 다르지? 우리 제대로 말한 거 맞나?"

개는 그걸 보고는 내게 말을 걸었다.

"응. 간사이 공항이라고 얘기했는데?"

"근데 저기는 왜 분홍이고 우리는 파랑이지?"

개는 내게 눈치를 주며 사람들에게 그 이유를 물어보라고 시켰다.

"알았어."

난 경비원이 뒷사람과 얘기를 끝내기를 기다렸다가 질문했고 경비원은 맞다고 대답했다.

"맞대."

난 그 얘기를 개에게 전했다. 개는 건성으로 고개를 끄덕이고 다시 핸드폰만 바라봤다. 그 이후로 또 잠시 정적이 흐르고, 지갑을 뒤적이던 개는 내게 말을 걸었다.

"내가 아까 얼마 줘야 한다고 했지?"

"507엔."

내가 대답했다.

"흠. 어쩌지? 나 505엔 밖에 없는데."

"아."

"어쩌지?"

개는 표정을 찡그리며 내게 말했다. 난 멀뚱히 서 있었다. 그러자 개는 갑자기 큰소리를 내며 내게 짜증을 냈다.

"아, 그냥 동전 바꿔서 507엔 줄게!"

개는 지갑을 괴팍하게 뒤지며 말했다. 옆에서 일본 사람들이 쳐다보는 것이 느껴졌다. 이 상황을 보고 한국인을 욕할까 봐 걱정됐다.

"아니야, 그냥 있는 돈만 줘."

난 또 내가 뭘 잘못했나 싶어서 기어들어 가는 목소리로 말했다.

"어? 그래."

그러자 걔는 자기가 언제 화냈냐는 듯이 목소리와 표정이 풀려서는 내게 505엔을 주었다. 난 그 모습을 보며 갑자기 여러 가지 감정이 복잡하게 뒤엉키기 시작했다. 그동안 조금씩 쌓였던 서운함이 갑자기 엉뚱한 곳에서 터지게 된 것이다.

불행한 여행

—

그런 엉망인 기분으로 우리는 버스에 올라탔다. 둘 다 말없이 자리에 앉았다. 걔는 바로 잠이 들었다. 난 평소에 무른 성격인 편이었다. 일 년에 누군가와 한 번 말다툼을 할까 말까 할 정도다. 대신 한 번 화가 나면 정말 크게 나는데, 지금이 그랬다. 난 너무 화가 난데다가 피곤하기까지 해서 기분이 아주 나빴다. 거기다가 멀미까지 나서 머리도 아프고 속까지 안 좋아지기 시작했다.

'도대체 내가 이 여행을 왜 온 거지? 얘는 겨우 이런 애였던 건가? 난 이제 어떻게 해야 하는 거지? 뭐가 현명한 방법이지?

난 창밖을 바라보며 첫날부터 쭉 그동안의 일들을 떠올렸다. 문제가 뭘까 생각하며 복잡한 마음을 정리하기 위해 애썼다. 하지만 정리를 하면 할수록 왠지 더 불행한 느낌이 커지는 기분이었다.

자괴감

—

　새벽 4시 30분. 공항 3층에 버스가 서고 아무도 없는 조용한 공항 안으로 들어가 앉았다. 너무 졸려서 머리가 깨질 것 같았다. 그냥 짜증이 났다. 하지만 계속 대화를 안 하고 분위기가 안 좋게 만들고 싶지가 않았다. 난 다시 분위기를 풀어 보려고 별 쓸데없는 말이라도 자꾸만 걸어봤다. 하지만 걔는 못 들은 체하고 심각한 표정으로 핸드폰만 바라봤다. 그런 반응을 보이니 기분이 나빴다. 내가 화난 건 이유가 많지만, 걔가 갑자기 내게 화내는 이유가 도대체 뭘까 싶었다. 기분이 상한 난 그냥 포기하고 핸드폰을 들여다봤다.

　"와이파이 뭐로 했어?"

　한참 뒤, 걔가 내게 말을 걸었다.

　"간사이."

"그냥 간사이?"

"간사이 에어포트 있잖아."

내가 대답했다. 그리고 걔는 다시 핸드폰만 들여다봤다.

"화장실 갔다 올게."

난 일어나며 말했다. 벌써 이틀 동안 렌즈를 빼지도 못하고 있어서 눈이 찢어질 것 같았다. 눈을 힘겹게 껌뻑거리며 화장실에 도착하고 난 한숨을 크게 쉬었다.

'이 일을 어떻게 해결해야 할까. 이게 뭐지? 말을 한 번 더 걸어볼까? 그럼 당연히 또 대답 안 하겠지. 나는 이게 뭐라고 기분이 안 좋아져서 이렇게 분위기를 싸하게 만들까. 그렇다고 그냥 무조건 다 참을 수도 없지 않나? 모르겠다……'

울 것 같은 기분을 뒤로하고 다시 걔가 앉아 있는 자리를 향해 느리게 걸었다.

대화

—

긴 고민 끝에 이 상태로 서로 집으로 돌아가면 절대 안 될 것 같다는 생각이 들었다. 우리는 대화를 해야 한다. 서로 왜 이러는지 모르고 있지 않은가. 왜 이러는지도 모르면서 분위기는 정말 세상 심각하지 않은가. 난 큰 결심을 하고 걔의 눈치를 살폈다.

"있잖아."

난 조심스럽게 말을 꺼냈다.

"어?"

"나, 얘기 좀 해도 돼?"

"어, 해라."

그러자 걔도 기다렸다는 듯이 내 말에 집중했다.

"내가 여행 다니면서 여러 가지로 서운했는데, 우리가 어디 갈 때 내가 길 찾고 있는데 갑자기 엉뚱한 데로 데려가서 잘못 가고. 그러다가 내가 어쩌다 길 틀리면 엄청 화내고 그랬잖아……."

"나도 길 맞았을 때 많은데? 너도 틀릴 때 많고."

걔는 내 얘기를 가로막고 말했다.

"응. 나도 틀릴 때 많아. 근데 너 그때마다 화냈지? 근데 너도 많이 틀리면서 내가 그러는 거 조금만 이해해 줄 수도 있었잖아? 그리고 너는 길도 모르면서 자꾸 이상한 곳으로 데려갔잖아. 계획 짤 때 지리도 다 내가 알아봐서 그나마 내가 더 잘 알고 있는데 내가 가자고 하면 따라주지도 않고 틀렸을 거로 의심하고. 조금이라도 틀리면 화도 엄청 내고 그랬어."

"미안하다."

걔가 대답했다.

"그리고 돈 계산할 때도 하나하나 제대로 한 것 맞냐고 자꾸 짜증 내면서 묻고 그랬잖아. 그때도 많이 서운했어."

나는 다시 말을 이어갔다.

"짜증 낸 거 아닌데?"

그러자 걔는 당황해하며 말했다.

"그래? 나는 그렇게 느껴졌어."

"그럼 미안하다. 근데 너는 누구랑 돈 나눌 때 정확히 안 해?"

"하지."

내가 대답했다.

"근데 왜 나한테는 뭐라 그러는데?"

걔는 점점 화를 내며 물었다.

"근데 넌 내가 너한테 돈 줘야 할 때만 정확히 계산하고 나한테 돈 줘야 할 때 정확히 안 줬잖아. 아니, 그런 거 상관없이 난 얼마씩 덜 받든 말든 상관없어. 근데 네가 너무 너만 손해 안 보려고 그러니까 우리가 이런 사이밖에 안 되나? 싶고 서운하지."

"그랬나……."

걔는 말을 흐렸다. 아무도 말을 하지 않았다. 난 걔의 심각한 얼굴을 보며 괜히 얘기를 꺼냈나, 싶었다.

"내가 이런 얘기해서 화났어?"

나는 걔의 눈치를 살피며 물었다.

"아니다."

걔가 대답했다.

그 이후로 우리는 서로 조용히 앉아 있었다.

"네 기분이 너무 오락가락해서 사과할 타이밍을 놓쳤다."

걔는 다시 말을 꺼냈다.

"그건 나도 그냥 밝은 척 한 거야. 그 상태로 돌아다닐 수는 없잖아."

내가 대답했다.

"어, 그런 것 같더라."

걔가 대답했다. 다시 정적이 흘렀다.

"내가 말한 게 그래도 낫지?"

나는 눈치를 보면서 물었다.

"응, 당연하지. 근데 화나는 거 있으면 그때그때 그냥 화내면 되지 않나. 난 네가 왜 화를 내는지 알 수가 없으니까 짜증이 났지. 그래서 나도 그냥 넘어갔다. 솔직히 너 같으면 네가 잘못을 해, 근데 그 사람이 자기가 화가 났다고 말을 안 해. 그럼 네가 먼저 사과를 하겠어? 어……. 해야겠네."

걔가 바보같이 말을 바꿔서 우리는 웃었다.

"아, 이건 내가 잘못 생각한 것 같다. 미안하다."

걔가 말했다.

"여행 중에 짜증을 내면 여행 다 망치잖아. 그래서 여행 다니는 동안에는 계속 참았지. 너 지금 이 기분으로 일본 돌아다니라면 돌아다닐 수 있어?"

나는 화를 내지 않던 이유를 설명해 줬다.

"아니."

걔가 멋쩍은 듯 웃으며 대답했다. 당연히 우리 둘 다 그럴 기분이 아니었다. 지금 이 상태로 여행을 해야 한다면 우리 둘 다 당장 비행기 표를 앞당겨서 한국으로 돌아오고 싶은 심정이었을 것이다. 그래도 얘기를 하니 조금은 분위기가 풀린 것 같았다.

"나도 좀 얘기해도 돼?"

이번엔 걔가 말을 꺼냈다.

"응! 당연하지."

내가 대답했다.

"네가 자꾸 먼저 가니까 나도 짜증 나고, 네가 화내서 그것도 짜증 났다."

"내가 먼저 간 건 길을 내가 찾아야 해서 마음이 급해서 앞장서서 가느라 그랬어. 화내는 건 나도 참으려고 했는데 100% 다 숨겨지지 않더라. 미안해."

그 이후로 우리 사이에 또 한 번 정적이 흘렀다. 걔의 표정이 너무 심각해서 너무 걱정됐다.

"내가 얘기 꺼낸 거 괜찮은 거지?"

난 또 조심스럽게 물었다.

"아, 응. 그냥 나 생각 좀 하는 거다."

"그래."

난 다시 눈치를 보며 조용히 앉아있었다.

"뭐, 사람이 서로 생각이 다르니까 내가 사과하는 게 맞는 것 같다."

걔는 설렁설렁한 말투로 다시 입을 열었다. 난 그 말을 미안하다고 생각하지는 않지만, 사과를 하겠다는 말로 알아들었다.

"음……. 그럼 넌 잘못했다고 생각하지는 않는다는 거야?"

난 걔가 만약에 그렇게 생각한다면 사과를 받기보다는 얘기를 더 나누고 싶어서 물었다.

"아니, 내가 지금 사과를 하는 거잖아! 왜 그렇게 말하는데?"

그러자 걔는 서운한 듯 큰소리를 내며 말했다.

"아, 그래? 미안해. 난 네가 그렇게 말하는 건 줄 알았어."

난 깜짝 놀라서 재빨리 사과했다.

"내가 원래 좀 말을 거칠게 한다. 미안하다."

"아니야. 그래도 그렇게 말해줘서 고마워."

"네가 고마워하는 건 좀 아닌 것 같고."

"아니야. 이렇게 말해도 이해 안 해주는 사람들도 있잖아. 너도 그럴까봐 걱정했어. 근데 사과해줘서 고마워."

"고맙다고 말하는 건 좀 아닌 것 같다."

걔는 내가 고맙다고 말하는 게 쑥스러웠던 건지 계속 그런 말을 했다.

"어쨌든 난 그래."

난 걔에게 웃어 보였다. 다행히 화해는 했지만, 걔는 그 이후로 말이 더 없어지고 기분이 많이 안 좋아 보였다. 걔가 혼자 생각을 하는 거라고 했기 때문에 가만히 뒀지만, 화가 많이 난 것 같아서 불안한 마음이 가시지 않았다.

잠만보

—

그 이후로 대화는 거의 오고 가지 않았다. 걔는 심각한 얼굴을 하고는 핸드폰만 들여다봤고 내가 가끔 말을 걸 때도 거의 대꾸하지 않았다. 나도 갑자기 이렇게 서로의 불만을 얘기했다가 친근하게 대하기에는 조금 어색한 기분이 들어서 뻘쭘하게 앉아 있었다.

아침 7시가 넘자, 갑자기 죽을 것 같이 졸리기 시작했다. 큰일이다 싶었다. 걔와 여러 가지 대화를 해서 걱정되던 일 하나가 해결돼서 그런지 긴장이 풀린 것 같았다. 잠들었다가 짐을 잃어버리게 될까 봐 마음 편하게 잠도 못 자겠고, 정말 힘들었다. 아침 8시 반쯤. 옆에 중국인 꼬마 아이가 만드는 비눗방울이 얼굴에서 톡, 하고 터지는 바람에 졸다가 놀라서 깼다. 우리는 드디어 캐리어를 붙이고 안으로 들어갔다.

아침 9시쯤. 게이트로 가는 열차를 탔다. 중국인 가족으로 보이는 무리가 있었는데 어린 아들이 엄마를 빈자리에 앉히고 자기도 빈자리에 앉았다가 다시 일어나서 이모를 앉혔다. 다들 "셰셰"라고 인사를 했다. 그러다가 일본인 할머니를 본 중국인 엄마가 할머니를 투박하게 퍽퍽 치고는 자기 자리에 앉으라고 했다. 할머니는 누가 세게 때려서 깜짝 놀랐다가 "아리가또!"하고 말했다. 열차가 멈추고 모두 내릴 때 할머니는 "도모 아리가또."하고 한 번 더 인사했고 중국인 엄마가 부끄러운 듯 웃어줬다. 그 모습을 보니 나도 마음이 따뜻했다.

우리는 비행기를 타는 게이트에 도착했는데 아직 우리 비행기 시작까지는 한참 멀어서 마닐라행 비행기가 있었다. 그래서 그쪽 나라 사람들이 많았다. 잠깐 잠들었다가 일어나니 시간은 10시 25분이었다. 목에서 척추까지 너무 아팠다. 에어컨 때문에 목도 건조하고 아팠다. 계속 애매하게 자서 그런지 머리도 아팠다. 잠시 후 탑승 지연 안내 방송이 나왔다. 안 그래도 기다리기 힘든데 고통스러웠다. 드디어 11시가 되고, 비행기에 앉았다. 뒤에 한 외국인 아주머니가 앉았는데 의자를 계속 쿵쿵 대면서 밀었다. 짜증이 났지만 뭐라고 할 용기도 힘도 없어서 다시 바로 잠을 잤다.

말의 힘

　비행기가 땅에 착륙하고 사람들이 짐을 옮기는데 앞자리에 앉아 있던 아저씨가 자신의 짐을 꺼내다가 내 옆자리 여성분의 머리를 실수로 쳤다. 아저씨가 깜짝 놀라서 죄송하다고 하며 여성분을 살펴다. 옆자리 여성분은 "아!"하고 비명을 지르고 짜증을 내며 대꾸도 안 했다.

　"괜찮으세요?"

　아저씨의 아내분이 걱정스럽게 물었다. 그러자 그 여성분은 아저씨를 째려보며 "조심을 하셨어야죠."하고 쏘아붙였다. 버릇없어 보였다. 아저씨는 걱정되는 마음에 그분의 짐을 꺼내서 건네주었는데 "제 건 가벼워요." 하면서 여성분은 자신의 짐을 확 채갔다. 그 여성분은 30대 정도 되어 보였는데, 굳이 실수하나 가지고 저렇게 짜증 낼 필요가 있나 싶었다. 아저씨는 자신의 옆자리에

193

앉은 학생들에게 짐도 대신 들어준 착한 아저씨였다. 학생들이 아저씨에게 감사하다고 인사하는 모습과 너무 대조되어 보였다.

검역하는 곳으로 이동하는 길에 아주 어린 중국 여자 아기가 목베개를 떨어뜨리는 것을 발견하고 난 주워서 가져다주었다. 그러자 아기가 귀여운 목소리로 "셰셰."하고 인사를 했다. 귀여워서 나도 모르게 웃어줬다.

사소한 예쁜 말, 나쁜 말 하나가 사람의 기분을 만드는 것 같다.

사과

—

오후 1시 25분, 짐이 나오기 시작했다. 짐을 다 찾고, 별다른 검사 없이 비행기에서 받아서 적었던 종이를 직원에게 주면 그냥 모든 절차가 끝이 난다. 와이파이 회사에 반납하고 4,200원 추가 요금을 냈다. 오후 2시. 안내 데스크로 가서 직원분에게 리무진 버스 타는 곳을 물어보고 1층으로 갔다. 2시 17분까지 걔네 집으로 가는 버스가 더 먼저 도착을 할 예정이라서 걔와 같이 버스를 기다려 주다가 보내고 나도 내가 타는 버스 정류장으로 갔다.

우리는 서먹하게 같이 서 있었다. 그때 걔는 다시 한번 내게 사과했다. 아까 자기도 화가 나서 제대로 사과를 못 했다고, 여행 다니는 동안 고마웠다고 말했다. 난 우리가 이런 여행이 처음이라 이런 실수를 저지르게 될 줄 몰랐으니깐 이제 안 그러면 되는 거라고, 내 얘기 잘 들어주고 그렇게 생각해 줘서 고맙다고 대답했다.

2시 22분, 우리 집으로 가는 버스가 도착하고 자리에 앉으니 걔에게 문자가 와 있었다. 걔는 사과를 성의 없게 해서 미안하다고, 나 덕분에 알차게 다녔다고 했다. 나는 다시 한번 아니라고 고맙다고 문자를 보냈다. 사실 걔랑 이렇게 싸운 적이 처음이라 아직 어색하고 서먹한 기분을 어떻게 풀어야 할지 알 수가 없었다. 그냥 시간이 조금 지나서 마음이 편해지기를 기다려야 할 것 같다는 생각이 들었다.

05
고향

집으로

—

버스를 타고 한참을 달리다 보니 옆으로 바다가 보였다. 앞에 중국인 부부가 그걸 보고 아내가 바다를 더 보고 싶어 했는데, 그러니까 남편이 자리를 바꿔주고 같이 구경을 했다. 서로 투박하게 대화해도 다정한 모습이었다. 보기 좋았다.

그나저나 나는 다리가 으스러질 것 같았다. 눈도 매우 건조해서 렌즈를 빼버리고 가방에서 안경을 꺼내 썼다. 에어컨 때문에 코와 목도 아팠다. 종아리는 탱탱해져서 어떤 특이한 물체 같은 느낌이었다. 외계인 같았다. 그러다가 금방 잠이 들었다.

4시 20분. 드디어 버스가 터미널에 도착하고 내렸다. 얼굴은 건조함 때문에 뜯어질 것 같고 졸려서 당장 눈 감으면 잠들 것 같았다. 집에 도착하고 얼굴만 씻고는 바로 뻗었다.

오후 9시 40분. 잠에서 깼다. 너무 머리가 아프고 힘이 없고 덥고 숨이 막히고 몸이 무겁고 눈이 감겼다. 양치만 끝내고 다시 잠들었다.

후유증

—

다음 날. 7월 23일 일요일.

오전 11시에 일어났다. 왼쪽 배가 쓰리다. 누가 꾹 찌르고 안 눠주는 느낌이었다. 온몸이 무겁다. 목은 쉬진 않았지만, 엄청 잠겼다. 눈이, 특히 오른쪽이 땡땡 부어서 쌍꺼풀이 갑자기 커졌다. 애교살도 부어서 두꺼워졌다. 좋아해야 하는 건가 싶었다.

동생이 내 얼굴을 보자마자 깔깔 웃으며 닌텐도 게임 '동물의 숲'에서 벌에 쏘였을 때 모습 같다고 놀렸다. 동생이 장난으로 등을 퍽 쳤는데 몸에 힘이 없어서 쓰러질 뻔했다. 다리가 온통 멍투성이다. 어디에 계속 부딪히면서 다녔나 보다.

오후 7시 반. 벌써 졸리다. 순간순간 어떻게 집으로 돌아가야 하는지에 대해서 습관적으로 생각을 하게 된다. 그사이에 숙소 찾던 게 버릇이 됐나 보다.

새벽 3시가 다 되어 가는데 졸린 상태에서 잠이 들지 않았다. 잠 때를 놓쳤다. 배 왼쪽이 낚싯줄에 걸린 풍선이 된 느낌으로 아팠다. 그렇게 한참을 씨름하다가 겨우 잠이 들었고, 이 험난했던 여정도 끝이 났다.

06
야무지게 망했습니다!

연습
—

나는 여행을 다니는 내내 평소보다 훨씬 짜증이 많아져서 내가 이런 사람이 었나, 하고 정체성이 헷갈릴 정도였다. 더 큰마음을 가지지 못한 것에 대해 돌아보게 되었다. 집에 돌아와서도 후회되고 혼란스러운 마음에 엄마에게 여행을 다니는 동안 있었던 일을 얘기했다. 그랬더니 엄마는 이런 말을 해주셨다.

행동이라는 것도 그 상황을 연습해 본 사람만이 어떻게 대처를 해야 하는지 아는 것이다. 만약에 태어나서 처음 겪는 상황이 벌어진다면 인간은 두 종류로 뇌가 결정을 내린다고 한다. 싸울 것인가, 도망갈 것인가. 이것을 도마뱀의 뇌라고 하는데, 인간의 동물적인 본성이 나오는 것이다. 그건 자연스러운 일이며 그 연습을 통해 다음에 똑같은 상황이 벌어진다면 우리는 어떤 행동으로 대처해야 할지 조금 더 이성적으로 생각을 통해 행동을 결정할 수 있게 된다고 한다.

이번 여행은 우리 둘 다 또 하나의 새로운 연습을 할 수 있었던 계기가 되었던 것 같다. 그로부터 꽤 시간이 지난 지금, 걔와 나는 다시 둘도 없는 친한 친구가 되었다. 내 생각엔 시간이 서로 받은 상처를 치유해 준 것 같다. 앞으로도 정말 많은 '연습'이 필요한 일들이 내게 닥치겠지만 그때마다 난 열심히 연습해서 문제를 풀면 될 것 같다. 이번 여행에서 그랬던 것처럼 말이다.

행복

—

첫 번째, 난 인간관계에 문제가 생길 때 역시 가장 좋은 방법은 대화라는 것을 다시 한번 느꼈다. 이를 직접 실천해 보고 해결을 함으로써 다음에 더 현명하게 대처할 수 있을 것 같다.

두 번째, 여행 중에 급한 상황이 많이 생겼기 때문에 내 의사에 상관없이 현지인들에게 말을 거는 일이 많이 생겼다. 그 때문에 내가 현지인들과 대화하는 여행을 좋아한다는 사실을 알게 되었고, 그래서 덕분에 여행을 다니며 즐거움을 느낄 수가 있었다.

세 번째, 일본인들에게 정을 느낄 수 있었다. 코모레비 료칸에서 땀범벅이 된 우리를 걱정해준 엄마 같은 직원분, 오사카역 옆에 식당에서 일하다 말고 어떻게든 길을 찾아 주려고 해준 남자 직원분, 버스에서 우리가 잘 내리는지 끝까지 지켜봐 주고 버스에 내려서도 내게 인사를 해 준 여성분, 그 밖에도 셀수 없이 많았다.

네 번째, 우리나라 관광객들이 찾아가는 곳과 실제 일본인들이 자주 찾는 여행지가 조금 다르다는 것을 알았다. 그 때문에 앞으로 해외여행을 가게 될 때는 조금 더 폭넓게 조사를 하고 가야겠다는 깨달음을 얻었다.

마지막, 내 미래에 대한 목표가 조금 더 커지고 바뀌는 계기가 되었다. 그럼으로써 조급했던 마음을 조금 더 편하게 하고 더 멀리 볼 수 있는 눈을 가지게 되었다. 여행을 가 있는 동안 누군가에게 난 특이한 언어를 하는 특이한 존재였다. 그 느낌이 좋았다. 언어의 장벽은 있었지만, 모르는 만큼 도전하고 더 자유롭게 주저 없이 하고픈 일을 해 보는 계기가 되었다. 항상 우리나라에 있는 외국인들을 신기하게만 바라봤는데 나도 누군가의 외국인이 될 수 있다는 사실이 새삼 신기했다. 그 즐거움을 또 느끼고 싶어서 열심히 언어 공부를 하고 해외를 나가 보고 싶다는 열정을 얻었다. 인간은 망각의 동물이기 때문에 자꾸만 새로운 자각과 자극이 필요하다고 생각하는데, 난 여행이라는 활동을 통해 많은 자극을 얻고 돌아온 것 같다.

사람마다 여행을 가는 이유가 각자 있을 것이다. 나에게 그 이유는 바로 '경험'이었다. 경험이라는 것이 좋은 경험이든 나쁜 경험이든 사람을 한층 더 성숙하게 하고 지혜롭게 만들어주기 때문이다. 난 4박 5일 동안 많은 불행한 일을 겪었다. 하지만 그만큼 배운 점이 많았다. 난 이런 수많은 일을 겪은 게 기쁘다. 결론적으로 난 운이 좋았던 것이다!

그래서 난 야무지게 성공했습니다.

-끝-

작가의 말

—

    사실 처음에 여행책을 써 보자고 마음먹었던 이유는 왠지 여행을 굉장히 성공적으로 마무리할 것 같았기 때문이었습니다. 계획을 짜는 과정에서 생각보다 친구와 짠 계획이 괜찮은 것 같고 처음으로 지도도 만들어 보면서 뿌듯함이 느껴지고, 무언가 볼만한 결과물이 나올 것 같다는 김칫국 한 사발 마신 생각이 머릿속을 맴돌았어요. 그래서 더 준비를 완벽하게 하려고 노력하고 '책을 쓰면 어떤 방향으로 써야 할까?' '독자들은 무엇을 원할까?' 하는 생각을 하며 여행길에 올랐습니다. 그런데 여행은 처음부터 삐거덕거리더니 점점 갈수록 제대로 되는 것이 하나도 없었어요. '내가 생각했던 그림은 이런 게 아닌데?' 저는 속으로 망연자실했습니다. 예쁘고 아기자기한 사진들과 함께 예쁜 글을 쓰고 싶었는데 괴팍하고 날카로운 사건과 예민해진 신경으로 좋은 글이 나오지 않는 거예요. 책이고 뭐고 친구와 다투게 되는 문제 때문에 기분은 점점 비참해지고 좌절감에 묻혔습니다.

친구와 화해를 하고 어색한 감정과 노곤한 몸으로 집에 돌아와서 며칠을 이 일에 대해서만 생각을 해 봤습니다. 한동안 굉장히 우울했어요. 저 자신을 되돌아보게 되고 앞으로 삶을 살아가면서 현명한 사람이 되기 위해서 어떻게 해야 하는 걸까 생각을 깊게 해봤어요. 그리고 그 과정을 통해 오히려 저와 친구는 더 성장할 수 있는 계기가 되었습니다.

그 후 다시 책을 쓰고 싶었던 것에 대해 생각을 하게 됐는데, 꼭 여행책이라고 행복하고 예뻐야 한다는 규정이 있는 건 아닌 것 같았어요. 이렇게 독특한 여행기도 없을 것 같다는 생각이 들었습니다. 기억을 더듬고 노트에 적었던 기록들을 모아서 책을 쓰게 되었습니다.

사람은 생각하는 대로 세상이 보인다고 합니다. 부정적으로 본다면 충분히 부정적이고도 남을 수 있는 여행이었지만 긍정적으로 보자면 이렇게 버라이어티한 여행을 해 보는 것도 참 재미있었던 경험이라고 할 수 있어요. 무엇보다 저는 성장이라는 큰 선물을 얻을 수 있었습니다. 이 글을 읽으신 모든 독자분도 자신의 눈앞에 있는 행복을 놓치지 않고 바라볼 수 있었으면 좋겠습니다. 감사합니다.